U0088472

讀品文化

貝多芬著名的降Ｅ大調第三交響曲，又名《英雄交響曲》，本來是應法國駐維也納大使的邀請為拿破崙寫的，原稿上的標題是《拿破崙·波拿巴大交響曲》。

然而，當貝多芬聽到拿破崙稱帝的消息時，憤然撕去封面頁，改成了《英雄交響曲》。

貝多芬曾憤怒地說：「他也成了一個凡夫俗子！現在，他也會踐踏他人的權利，滿足自己的野心。他會將自己置於他人之上，成為一個暴君！」

微歷史 下

Micro-history

Stories of World's Famous People

世界名人經典小故事

爾·蓋茲認為，賈伯斯是一個怪人。

國王曾經為了討好凱撒，派人殺死了他的勁敵龐培，
淋淋的人頭送到凱撒面前。
凱撒卻把臉一沉，轉過頭去。
高傲的獨裁者不願意看到他的政敵被別人殺害，
令處決了殺死龐培的人。

永續圖書線上購物網　　讀品文化 事業有限公司

WWW.foreverbooks.com.tw　　　　　　　　　yungjiuh@ms45.hinet.ne

精選故事系列　21

微歷史：世界名人經典小故事(下)

編　　著	吳明山
出 版 者	讀品文化事業有限公司
執行編輯	廖美秀
美術編輯	林于婷

社　　址	22103　新北市汐止區大同路三段 194 號 9 樓之 1
	TEL／(02) 86473663
	FAX／(02) 86473660
總 經 銷	永續圖書有限公司
劃撥帳號	18669219
地　　址	22103　新北市汐止區大同路三段 194 號 9 樓之 1
	TEL／(02) 86473663
	FAX／(02) 86473660
出 版 日	2013年12月

法律顧問	方圓法律事務所　凃成樞律師
CVS代理	美璟文化有限公司
	TEL／(02) 27239968
	FAX／(02) 27239668

國家圖書館出版品預行編目資料

微歷史：世界名人經典小故事 /吳明山編著.
-- 初版. -- 新北市：讀品文化，民102.12
　　面；　公分. -- (精選故事系列；21)
　ISBN 978-986-5808-28-0 (下冊：平裝)
　　1.世界傳記 2.通俗作品
　　781　　　　　　　　102016413

CHAPTER
03
心理學家逸事
探究內心世界的祕密

軍事家
逸事

MICRO - HISTORY :
STORIES OF WORLD'S
FAMOUS PEOPLE

鐵血
戰士
的故事

Chapter
01

STRATEGIST
ARTIST
PSYCHOLOGIST
FAMOUS SPORTSMEN
THE PEOPLE OF WEALTH

世界征服者
亞歷山大大帝

他是誰

亞歷山大大帝（西元前356年7月20日或7月21日～西元前323年6月10日）即馬其頓國王亞歷山大三世。他統一了古希臘，並征服波斯及其他亞洲王國，直至印度的邊界。他用13年時間征服了當時歐洲視角的「已知世界」，被認為是歷史上重要的軍事家之一。他和凱撒大帝、漢尼拔、拿破崙被稱為歐洲歷史上最偉大的四大軍事統帥。

暫避風頭

亞歷山大的母親奧林匹亞斯曾和父親腓力二世發生爭執，原因是腓力愛上了阿塔拉斯的女兒克麗奧佩特拉。亞歷山大對此十分反感，並在一次聚會上與父親發生了衝突，險些被腓力所殺，此後他不得不逃出馬其頓，去了北方的伊里利亞暫避風頭。

亞歷山大時代的來臨

腓力的親信試圖結束父子對峙的局面，於是善意地提醒腓力這樣做可能帶來風險，理智的腓力接受了。然而，父子倆並沒有完全和好。直到腓力二世在參加女兒的婚禮時，被他的舊

友保薩尼阿斯刺殺身亡，亞歷山大的時代終於宣告來臨。

維穩政權

年僅20歲的亞歷山大被推舉為新國王，為了維穩政權，他透過腓力二世的葬禮和減少稅收的政策贏得了馬其頓人民和軍隊的支持。亞歷山大將潛在競爭者、有可能繼承王位的人全部消滅，亞歷山大成為馬其頓王族中唯一健全的男性繼承人。

所羅門王結

西元前323年冬天，亞歷山大進軍亞細亞，當他到達亞西亞的佛吉尼亞城時，聽說了一個預言：幾百年前，佛吉尼亞的戈迪亞斯王在其牛車上繫了一個複雜的繩結，並宣告誰能解開它，誰就會成為亞細亞王。但是，一直沒有人能夠打開這個結。

亞歷山大對這個預言非常感興趣，前去查看這個結，很久都找不著繩頭，不得不佩服戈迪亞斯王。這時，亞歷山大突然拔出劍來，對準繩結，狠狠地一劍把繩結劈成了兩半，這個保留了數百年的難解之結，就這樣輕易地被解開了。

不可一世的亞歷山大病死了

西元前323年6月初，亞歷山大在巴比倫因發燒而突然病倒，10天後就死了，尚未滿33歲，這位所向披靡的征服者最終被疾病打倒了。

死因版本之一：瘧疾或傷寒

關於亞歷山大的死因，長期以來一直存有爭議。大多數記載顯示，亞歷山大在巴比倫一次痛飲之後得了瘧疾，除此之外傷寒也可能是另外一個元兇。

死因版本之二：被人下毒

有人認為亞歷山大死於嚏根草中毒，密謀者可能有他的妻子洛葛仙妮娜、他的部將安提派特以及他的老師亞里斯多德，不過這種結論受到質疑，因為在古希臘缺乏長時間作用的毒。

死因版本之三：蘆薈中毒

有史料記載，亞歷山大病發12天之後就死了，症狀與蘆薈中毒相似。亞歷山大在征服印度時曾受過重傷，很可能是用蘆薈治傷時用藥過度，再加上新傷舊傷一起發作，他沒有抵抗得了傷痛而死。

死因版本之四：鐳射照射說

還有一種說法，認為亞歷山大真正的死因是長期受鐳射的照射。原來，亞歷山大佔領波斯的一座城市後，城中的貴族向他供奉了一頂王冠，王冠上鑲嵌著一顆巨大的紅寶石，亞歷山大則長期戴著這頂王冠。

科學家發現，紅寶石在陽光的照射下會發出一種特殊的自

然鐳射。由於亞歷山大長期戴著這頂鑲嵌紅寶石的金王冠，所以成了自然鐳射的犧牲品。

繼承之爭

亞歷山大並沒有留下帝位的合法繼承者，傳說，他在臨死前曾說過：「讓最強者繼承。」於是他死後，將領們開始瓜分這個帝國。在爭權的鬥爭中，亞歷山大的母親、妻子和孩子都橫遭殺身之禍。

終於，在西元前301年，這場爭鬥告一段落，由三位勝利者（即托勒密、塞琉古、安提柯一世）瓜分了亞歷山大帝國的版圖，開啓了希臘時代。

亞歷山大大帝的三個遺願

據說，亞歷山大病了之後，曾對將士們說道：「我不久將離開這個世界，我有三個遺願，你們要完全按我說的去做。」將士們含著淚答應了。

「第一，我的棺材必須由我的醫師獨自運回去。」

「第二，當我的棺材運向墳墓時，通往墓園的道路要撒滿金銀財寶。」

「第三，把我的雙手放在棺材外面。」

亞歷山大最寵愛的將軍吻了吻他的手說：「陛下，我們一定會按您的吩咐去做，但您能告訴我們為什麼要這麼做嗎？」

亞歷山大深深吸了一口氣說道：「我想要世人明白我剛剛

領悟的真理。我讓醫師運載我的棺材，是要人們意識到醫生不可能真正地治療人們的疾病。面對死亡，他們也無能爲力。」

「第二個遺願是告訴人們不要像我一樣追求金錢。我用一生去追求財富，但很多時候是在浪費時間。」

「第三個遺願是希望人們明白，我是空手而來，也是空手而去的。」

說完他閉上了眼睛，停止了呼吸。

凱撒大帝
蓋烏斯・尤利烏斯・凱撒

他是誰

蓋烏斯・尤利烏斯・凱撒（西元前100年7月13日～西元前44年3月15日），羅馬共和國末期傑出的軍事統帥、政治家。

凱撒出身貴族，歷任財務官、大祭司、大法官、執政官、監察官、獨裁官等職。前60年與龐培、克拉蘇祕密結成前三頭同盟，隨後出任高盧總督，花了8年時間征服了高盧全境（現在的法國），還襲擊了日爾曼和不列顛。西元前49年，他率軍佔領羅馬，打敗龐培，集大權於一身，實行獨裁統治，制定了《儒略曆》。

西元前44年，凱撒被布魯圖所領導的元老院成員暗殺身亡。之後，其甥孫及養子屋大維擊敗安東尼開創羅馬帝國並成爲第一位帝國皇帝。

創造神聖家譜

凱撒根據神話傳說，爲自己建立了神聖的家譜。羅馬城的締造者羅穆盧斯的祖先是特洛伊英雄安喀塞斯與女神阿佛洛狄德（羅馬神話中的維納斯）生下的特洛伊王子埃涅阿斯。而埃涅阿斯之子阿斯卡尼又名尤爾（Julus）。凱撒濫用詞源學，硬將其作爲自己氏族（Julius）的祖先，並由此斷言自己是維納斯

的後裔。

有眼不識泰山的海盜

西元前76年，凱撒再次踏上了前往東方的旅程。旅途中，他曾被奇里乞亞海盜劫持，後者要求以20塔蘭特作為贖金。凱撒嘲笑他們有眼不識泰山，不知道自己劫持了什麼人，他還說20塔蘭特的贖金是貶低自己，要求海盜索取50塔蘭特。

在等待贖金的38天裡，凱撒對海盜們開玩笑說，獲釋後一定要將他們統統送上十字架。果不其然，當凱撒獲釋之後，立即組建了一支艦隊，抓住了所有劫持他的海盜。

也許因為那些海盜對他還不錯，凱撒為了減輕他們的痛苦，在把他們釘上十字架之前，割開了他們的喉嚨。

感慨萬千

凱撒在任財務官期間，一天，他在赫庫利斯神廟中看到了亞歷山大大帝的塑像，聯想到亞歷山大在自己這個年齡時就已經成功征服了世界，而自己尚無所作為，不禁感慨萬千，隨即便請求解除自己的職務，離開了西班牙。

Veni，Vidi，Vici（我來，我見，我征服）

在亞歷山大戰役結束後，凱撒與克利奧佩脫拉前往尼羅河旅行，接著開始討伐潘特斯王國，勝利之後，他給元老院寫了一封信，裡面只有三個字：「Veni，Vidi，Vici（我來，我見，

我征服）！」

偷雞不成蝕把米

埃及國王曾經為了討好凱撒，派人殺死了他的勁敵龐培，把血淋淋的人頭送到凱撒面前。哪知凱撒卻把臉一沉，轉過頭去。這個高傲的獨裁者不願意看到他的政敵被別人殺害，他下令處決了殺死龐培的人。

預感死亡

據說凱撒曾預感到死亡，在出席元老會的前一天，凱撒突然提出一個問題：「哪一種死法最好？」大家紛紛發表意見。最後，凱撒表示，他願意突然而死。誰也料想不到，第二天他的預言就應驗了。

刺殺陰謀

隨著凱撒的權力越來越大，元老院的成員擔心總有一天他會戴上皇冠。而當時的占卜師說「只有王者才能征服帕提亞」，此話更加深了人們的不安，認為凱撒終將稱王。同年2月，在一項典禮上，執政官安東尼稱呼凱撒為王，雖然凱撒拒絕，但卻讓反對派更為恐懼，決心除掉他。在這些陰謀者當中，有一個就是那位受到凱撒信任的布魯圖。

遇刺

西元前44年3月15日，元老院舉行會議。凱撒隻身一人來到會議廳。雖然他事先已經得到警告，說有人會在這一天行刺，但是他仍然拒絕帶領衛隊。他說：「要衛隊來保護，那是膽小鬼幹的事。」

凱撒端坐在黃金寶座上，笑著說：「現在不就是3月15日嗎？」雖然臉上毫無懼色，但危險已經悄然而至。

隨著行刺者發出信號，大家一擁而上，用短劍刺向凱撒。看見自己最信任的布魯圖也在行刺者之中，他不由得驚呼：「啊，還有你，布魯圖！」

凱撒放棄了抵抗，倒在了血泊之中，他一共被刺23處，其中1處為致命傷。

刺殺者的下場

陰謀刺殺凱撒的人，幾乎都沒有得到好下場，很少有人活過3年。所有人都被判有罪，並以不同方式死於非命：一部分人死於海難；一部分人死於屋大維和其他凱撒部將隨後發動的戰爭；有些人則用刺殺凱撒的同一把匕首自殺。

凱撒大帝繼承人
蓋烏斯・屋大維

● 他是誰

蓋烏斯・屋大維（西元前63年9月23日～14年8月19日），被尊稱為「奧古斯都」，羅馬帝國的開國君主，元首政制的創始人，統治羅馬長達43年，是世界史上最為重要的人物之一。他是凱撒的甥孫，西元前44年被凱撒收為養子並指定為繼承人。

● 權力之爭

凱撒被刺後，羅馬的執政官是安東尼，他是凱撒的心腹大將，自命為凱撒的繼承人。當凱撒的合法繼承人屋大維從國外趕回羅馬時，安東尼以蔑視的態度待之，他傲慢地說：「年輕人，除了凱撒的名字以外，你還想要得到什麼呢？錢，我已經沒有了。難道你還要凱撒的政權嗎？」

此刻，屋大維很清楚，他與安東尼之間的權力爭鬥正式開始了。

● 戰敗者死

屋大維向安東尼宣戰，在希臘西岸的阿克提烏姆灣，屋大維打敗安東尼。安東尼逃往埃及，與埃及豔后克麗奧佩脫拉聯

手，雙方再戰，安東尼一方再敗。

安東尼在敗局已定的時候，曾提出和屋大維單獨決鬥，被屋大維拒絕：「沒有必要，你想死的話，辦法多得很。」安東尼無可奈何，只好伏劍自殺。埃及女王也在王宮裡讓毒蛇把自己咬死。

不善經濟

羅馬統治者通常對經濟管理一無所知，屋大維也不例外。自古羅馬皇帝都把從農業上徵收來的重稅花費在軍隊、廟宇及娛樂等方面。一旦帝國不再擴張，沒有戰掠品，經濟就開始停滯並最終衰退。屋大維也曾試圖安置老兵務農以復興農業，但收效甚微，首都仍依賴埃及進口的糧食。

雕像被劈

關於屋大維的神跡傳說有很多，其中較常見的一個是在其病重之際，他的雕像遭到雷劈，導致名字中的字母C與aesar分開，aesar在某些少數民族語中就是神的意思。

在雕像遭到雷劈之後40天，屋大維就死了，迎合了C字母（代表40這個數位），另外屋大維死前曾夢見自己被40個騎士青年抬出房間，巧合的是在他死後，抬著他的果然是40個騎士。

「八月」一詞的由來

西元14年8月，屋大維去世後，羅馬元老院決定將他列入「神」的行列，並且將8月稱為「奧古斯都」月，這也是歐洲語言中8月的由來。

生前，屋大維為了和凱撒齊名，也想用自己的名字來命名一個月份。雖然他的生日在9月，但他選定8月，原因是他登基後，羅馬元老院在8月授予他Augustus（拉丁文－奧古斯都）的尊號。於是，他決定用這個尊號來命名8月。

原來8月比7月少一天，為了和凱撒平起平坐，他決定從2月中抽出一天加在8月上。從此，2月便少了一天。英文單詞August便由這位皇帝的拉丁語尊號演變而來。

彼得大帝

彼得一世・阿列克謝耶維奇・羅曼諾夫

他是誰

彼得一世・阿列克謝耶維奇・羅曼諾夫（1672年5月30日～1725年2月8日）為俄羅斯帝國羅曼諾夫王朝的沙皇（1682～1725年），即俄國皇帝（1721～1725年）。他在位期間力行改革，加快了俄羅斯的現代化，定都聖彼德堡，人稱彼得大帝。

彼得大帝是著名的軍事統帥，同時被認為是俄國最傑出的沙皇，他制定的西方化政策是使俄國變成一個強國的主要因素。

頒佈法令

在社會問題上，彼得大帝主張西方化。他頒佈法令，規定人人都不得蓄鬍子（此後他修改了這項法令），要求宮廷人員必須穿西裝，鼓勵吸菸和喝咖啡。

雖然彼得大帝制定的政策有許多遭到了強烈的反對，但是這些政策帶來了長期的影響：俄國這個由貴族階級統治的國家最終在很多方面都實行了西方的風俗和文化。

全世界最高的皇帝

彼得大帝是全世界最高的皇帝，脫掉鞋子之後，晚上的淨

高205cm，早上淨高209cm。他曾經在一根電線桿上作下了強大沙俄帝國君主的身高記號。

脾氣暴躁

彼得大帝精力充沛，瀟灑歡快，但他的脾氣十分暴躁，飲酒過度之後就會大發雷霆。

兇殘的一面

如同很多暴君一樣，彼得大帝也有其兇殘的一面，如他喜歡觀看處決死囚。彼得大帝原本很期待自己的大兒子繼承皇位，像他一樣成為驍勇善戰的君主；然而，他的兒子卻只想當個平凡人。在奧地利留學時，想要逃離俄國勢力，不幸被抓回，結果被處死，監斬人正是彼得大帝。

包辦婚姻

彼得大帝的婚姻是由母親包辦的，結婚前根本不認識妻子洛普辛娜，毫無感情基礎。在結婚後不到一個月，彼得就搬出去一個人住，把妻子留在母親身邊。彼得和洛普辛娜維持了十年的夫妻名分。

彼得大帝的情人

安娜·蒙斯是彼得的情人，在彼得結婚之前他們就已經認識。據說，安娜是一個德國葡萄酒商人的女兒，和彼得同年

齡。兩人經朋友介紹相識，安娜傾城之貌很快迷住了彼得，兩人遂成爲情侶。彼得在結婚後不到一個月就搬出去住，正是爲了方便和安娜相見。

地下情

彼得和安娜的這段地下情一直被兩人牢牢的保護著，其他人，甚至連彼得的母親納雷什金娜也不知道。彼得曾對安娜說過，如果此事被外界知曉，即便他身爲沙皇，也無法保護她，還很可能遭受牢獄之災。當然，彼得大帝自然不會虧待安娜。

安娜失寵

安娜是彼得大帝的情人，但她還有一個遠在德國的情人。在一次戰役中，薩克森駐俄羅斯的特使格尼克森乘坐的船意外沉沒，特使溺水身亡。特使的屍體被打撈上來之後，人們整理他的遺物時發現了一封情書，正是安娜寫給遠在德國的情人的。彼得聞訊大爲震怒，下令軟禁安娜，從此安娜失寵。

美國歷史上第一位西點軍校畢業的總統
尤里西斯‧辛普森‧格蘭特

他是誰

　　尤里西斯‧辛普森‧格蘭特（1822年4月27日～1885年7月13日），美國軍事家、陸軍上將和第18任總統，他是美國歷史上第一位從西點軍校畢業的總統。格蘭特將軍是一位出色的軍事家，但作為美國總統則政績平平。

不愛交際

　　格蘭特個性溫和嫻靜，略帶羞怯，他不喜歡跳舞這類娛樂活動，據說他在四年軍校生活中，從來沒有參加過當時聞名遐邇的西點舞會。

黑色星期五事件

　　兩個投機商為了壟斷黃金市場，雇傭時任總統格蘭特的妹夫貝爾‧科爾賓對白宮施加影響。在他們的精心策劃下，人們誤以為總統和他們是一夥的。此後，兩個投機商開始大量購買黃金，使得每盎司金價在4天內暴漲了23.5美元。這時，格蘭特才意識到上當受騙，命令財政部拋售了400萬美元的黃金，結果造成了金價暴跌。人們稱這一天為黑色星期五，很多投資者和企業因大量購入黃金而破產。

晚年時運不濟

格蘭特晚年從事銀行投資業，但不善經營的他像戰前的幾次嘗試一樣，終以失敗告終，全部財產虧損一空。

為了生活，窮困潦倒的格蘭特不得不靠變賣內戰時期的紀念品度日，他甚至把最心愛的軍刀也給賣了。

美國國會為了照顧這位功勳戰將，於1885年3月通過一項特別法案，恢復格蘭特的退役陸軍上將職位，領取全部上將年俸。

撰寫回憶錄

格蘭特晚年欠下了大筆債務，雖然得了喉症，但顧不上疾病，憑著老軍人的堅強和勇氣，堅持撰寫回憶錄，以還清他的債務。格蘭特和死神賽跑，他的回憶錄在逝世前四日才告完成。回憶錄在他死後出版，為他的遺孀賺得了45萬美元稿酬，這在那個時代是一筆巨大的款項。

酒鬼掛帥

美國內戰期間，北方軍隊被打得節節敗退，一籌莫展的林肯總統幾度換將，但效果都不理想。最後，林肯總統竟然找到「酒鬼」格蘭特掛帥。當時，很多人都認為林肯瘋了，一個嗜酒如命的傢伙怎能擔此大任。然而，事實證明，格蘭特成為南北戰爭中北軍獲勝的關鍵人物。

美國所造就的最偉大的軍人
喬治‧卡特萊特‧馬歇爾

他是誰

喬治‧卡特萊特‧馬歇爾（1880年12月31日～1959年10月16日），美國軍事家、政治家、外交家，陸軍五星上將。馬歇爾是美國陸軍五星上將，因功勳卓著被譽為「勝利的組織者」和「天才的全球戰略家」，他還被杜魯門總統譽為「美國所造就的最偉大的軍人」。

劣等生

馬歇爾從小學業成績就不好，考試總排在全班末尾。他後來承認，9歲時他便認定自己註定是「全班的劣等生」。父親對他很失望，常用柳條鞭管教他，但什麼也沒改變。

調皮搗蛋

馬歇爾不愛讀書，只會調皮搗蛋，因此常遭受姐姐瑪麗的嘲笑。有一次被嘲笑之後，他琢磨怎麼對姐姐進行報復。一天，瑪麗邀請朋友到家中聚會，馬歇爾認為良機已到，就跑到樹林裡捅了一個馬蜂窩，然後將被激怒的馬蜂引進院子，自己則躲到廁所去了。

蜂群徑直飛進客廳，姐姐和她的朋友全遭了殃。父親得知

此事後，對馬歇爾又是一頓毒打。

初入軍校遭受考驗

1897年9月，16歲的馬歇爾進入佛吉尼亞軍校。初入軍校，馬歇爾便受到學長的「考驗」。學長按例讓他在地板上懸蹲10分鐘，正下方固定著一把刺刀。由於馬歇爾傷寒初癒，身虛體弱，持續不到幾分鐘便坐到刀尖上，臀部受傷，血流如注。

馬歇爾雖然沒有承受住考驗，但是在被抬到醫務所急救後，始終未說出受傷的緣由，因此贏得學長的讚許，從此在軍校站穩腳跟。

「難聽的匹茲堡鼻音」

馬歇爾在佛吉尼亞軍校就學期間，因為說話口音太重常被人恥笑，高年級學生曾經以「難聽的匹茲堡鼻音」令人刺耳為由，處罰他承擔大量的髒活累活。他後來在回憶錄中寫道，一個月刷洗的馬桶比一個清潔工一輩子刷洗的還多。

與妻子相親相愛

馬歇爾的妻子身體不好，無法與丈夫過正常的夫妻生活，也無法生育。即便如此，馬歇爾與妻子一直相親相愛，在外人眼裡，他們擁有完美的婚姻，是一對令人羨慕的情侶。

鐵血將軍
喬治·史密斯·巴頓

他是誰

喬治·史密斯·巴頓（1885年11月11日～1945年12月21日），美國陸軍四星上將，第二次世界大戰美國軍事統帥。

打耳光事件

一次，巴頓將軍去醫院探望傷患。在負傷的士兵中，有一個既無繃帶又無夾板的士兵引起了他的注意。他詢問士兵受了什麼傷，得到的回答是：「精神有病。」暴怒的巴頓將軍立即打了他一記耳光，同時摸著手槍命令他返回前線，否則就要交由行刑隊槍斃。

巴頓做夢也沒想到，這一記耳光險些斷送了他的前程。那位被醫生診斷為患有憂鬱型精神官能症的士兵挨打事件，在軍內外引起軒然大波。若不是羅斯福、史汀生、馬歇爾等人的袒護，巴頓將軍的軍事職務很可能將被罷免。最後，巴頓以向士兵們公開道歉了結此事。

迷信

巴頓相信靈魂轉世一說，他認為自己是從迦太基統帥漢尼拔、古羅馬軍團戰士、拿破崙麾下元帥、古希臘重甲步兵、東

羅馬貝利撒留將軍的騎兵、斯圖亞特王朝的蘇格蘭高地人等多個著名的、不同時代的軍事角色轉世而來的。

死因謎團

1945年12月9日，巴頓在外出打獵時突遇車禍而受重傷，同年12月21日在德國海德堡一家醫院辭世，享年60歲。

然而，關於巴頓將軍的死因，一直存在著爭論。據英國《星期日電訊報》報導，美國軍事歷史學家羅格特·威爾科斯在其著作《目標，巴頓》一書中披露，巴頓是遭暗殺身亡的，原因是他威脅要披露盟軍領導人的失誤而慘遭滅口。

巴頓雖然在德國曼海姆發生的車禍中受了重傷，但當時人們認為他恢復的情況很好，即將飛回國，不料卻傷重不治。所以，才會有了各種各樣的猜測。

威爾科斯在新書中稱，中情局的前身戰略情報局局長多諾萬命令神槍手道格拉斯·巴絮塔暗殺了巴頓。在書中有對巴絮塔本人的採訪和其日記的摘錄，詳細敘述了暗殺過程。

巴絮塔當時駕駛一輛軍用卡車與巴頓的卡迪拉克相撞，隨後用一發低速子彈擊中了巴頓，致使巴頓的脖子被打傷，巴頓車上的其他人員則毫髮無傷。巴絮塔還透漏，當巴頓的身體開始恢復後，美國官員沒有採取有效的安全保護措施，任由蘇聯內務人民委員會的特工下毒毒死了巴頓。

奧運會的巴頓將軍

巴頓曾經參加過奧運會的現代五項比賽，最終獲得第五名。在比賽中，巴頓游完300米後體力透支，是被人用船鉤從池子裡撈上來的；在跑完4000米越野賽後，他精疲力竭地暈倒在了皇家觀禮台下。

美國歷史上唯一一位五星上將總統

德懷特・大衛・艾森豪

● 他是誰

德懷特・大衛・艾森豪（1890年10月14日～1969年3月28日），美國第34任總統，陸軍五星上將。

● 橄欖球明星

艾森豪在西點軍校時熱愛橄欖球運動，並且被《紐約日報》評為「美國東部球隊中最有希望的中衛」。然而，好景不長，在1912年年底的一場球賽中，艾森豪膝蓋嚴重受傷，結束了他橄欖球的生涯。

● 數個「第一」

艾森豪是美軍五星上將中晉升「第一快的」；他的出身是「第一窮的」；他是美軍統率最大戰役行動的第一人；他是第一個擔任北大西洋公約組織盟軍最高統帥的人；他是美軍退役高級將領擔任哥倫比亞大學校長的第一人；他是美國第一個也是唯一一個當上總統的五星上將。

● 守口如瓶

艾森豪善於保守祕密，守口如瓶。一次執行戰略計畫，艾

森豪已經知道工作部署，他的好友找他詢問機密，艾森豪問：
「我如果告訴你，你能做到守口如瓶嗎？」
朋友斬釘截鐵地說：「我能。」
「我也能！」艾森豪堅定地回答。
朋友只好無以應對的離去。

以身作則

有一次，艾森豪在對部下談到領導問題時，打了一個生動的比喻，他找來一根繩子，用手在桌子上推了推，繩子未動，於是他改用手去拉，整條繩子都動了。這時艾森豪說：「領導人就像這樣，不能推，而要以身作則來拉動大家。」

大戰後期，為了救治傷患，軍方鼓勵大家積極捐血。艾森豪以身作則，帶頭捐血，從而影響和帶動了千萬個部屬和無數個士兵積極捐血。

沙漠之狐
埃爾溫·約翰內斯·尤根·隆美爾

他是誰

　　埃爾溫·約翰內斯·尤根·隆美爾（1891年11月15日～1944年10月14日）是第二次世界大戰中著名的德國陸軍元帥，人稱「沙漠之狐」，也是德國極少數以中產階級出身、未進入過參謀學校而獲得此頭銜的軍人。

　　英國戰時首相溫斯頓·邱吉爾對隆美爾評價道：「我們面對的是一位大膽且熟練的對手，一位偉大的將軍。」

毀譽參半

　　隆美爾是極少數被敵對雙方都認可的軍事家，他的名聲可以用毀譽參半來形容。支持者稱其為戰神，其高超的軍事素養和出色的戰術才能受到了許多軍事愛好者，甚至是著名軍事家的尊敬和崇拜。然而，反對他的人根據其戰略錯誤稱之為「戰術上的巨人，戰略上的矮子」，又鑒於隆美爾是希特勒的愛將，還稱其為「二戰縱火犯」。

希特勒賜死

　　在行刺希特勒事件失敗之後，隆美爾也被株連，雖然他曾反對刺殺計畫。隆美爾曾說：「這樣將會引發內戰，將造就一

個烈士，並使戰爭看起來好像是因為希特勒被謀殺而導致德軍失敗的。」

刺殺希特勒失敗之後，大批參與其中的軍官被捕，這些人中有隆美爾的老戰友和下級，隆美爾曾經親自向希特勒要人。因此，他也成了希特勒懷疑的對象。

1944年10月14日，希特勒派人送毒藥給隆美爾，他在一輛小轎車中服毒自盡，而對外宣佈的消息，則是「隆美爾陸軍元帥在途中中風去世」。

死亡選擇

希特勒給了隆美爾兩種可供選擇的死法：如果服毒自盡，將對他的叛逆罪行嚴加保密，並為他舉行隆重的國葬，其親屬可領取陸軍元帥的全部撫恤金；否則，他將受到法庭的審判。

隆美爾選擇了前者，希特勒並未食言，下令為隆美爾舉行國葬。

Micro-History Stories Of World's "Famous People

藝術家
逸事

才華
橫溢
的世界

Chapter
02

STRATEGIST
ARTIST
PSYCHOLOGIST
FAMOUS SPORTSMEN
THE PEOPLE OF WEALTH

全能的天才藝術家
李奧納多・達文西

他是誰

李奧納多・達文西（1452～1519年），義大利文藝復興三傑之一，也是整個歐洲文藝復興時期最完美的代表，其同時是建築師、解剖學者、藝術家、工程師、數學家、發明家，他與米開朗基羅和拉斐爾並稱「文藝復興藝術三傑」。

素食主義

達文西達對生命的敬重使他成為了一名素食主義者，他甚至將乳牛擠奶這件事視為偷竊。喬爾喬・瓦薩里說，青年時代的達文西經常在佛羅倫斯購買籠中鳥，為的就是給這些小鳥自由。

多相睡眠

達文西遵循一種不尋常的多相睡眠方式，以額外頻繁的打盹減少睡眠時間。多相睡眠的好處就是，你可以在一星期內節約20～30個小時，並且精力更加充沛。

性冷淡

達文西曾宣稱其厭惡肉體關係，他說「與生兒育女有關

的任何事都令人厭惡，人若沒有美好面孔以及美感素質將會早亡」。根據後來佛洛依德分析藝術家時的解釋，達文西是性冷淡者。

雞姦者

1476年，達文西被控與17歲的男模發生關係。在兩次聽證會後，這案子因為證據不足而不了了之，有人認為達文西的父親起了重要作用，他擁有受人敬重的社會地位。

保護隱私

審判之後，達文西一直處於監視之中，這也給他的心靈帶來了極大傷害，餘生都盡可能保護自己的私生活，甚至用倒寫法隱藏真實的思想。因此，後世一切關於他是同性戀的猜想只能停留在捕風捉影的階段。

蒙娜麗莎的微笑

據說，達文西在街上閒逛時被一個女子的微笑深深吸引。於是，他把那個女子帶回自己的畫室，讓她迷人的微笑得以永遠地被留下。奧地利心理學家佛洛依德指出：「李奧納多（達文西）很可能被蒙娜麗莎的微笑迷住了，因為這個微笑喚醒了他心中長久以來沉睡著的東西——很可能是往日的一個記憶。這個記憶一經再現，就不能再被忘卻，因為這對他來說實在太重要了。他必須不斷地賦予它新的表現形式。」

表現主義先驅人物
文森特・威廉・梵谷

他是誰

文森特・威廉・梵谷（1853～1890年），荷蘭後印象派畫家。他是表現主義的先驅，並深深影響了20世紀的藝術，尤其是野獸派與德國表現主義。

1890年7月29日，梵谷終因精神疾病的困擾，在美麗的法國瓦茲河畔結束了他年輕的生命，時年37歲。

過分熱情

梵谷在比利時做傳教士期間，目睹了窮人的艱辛生活，遂決定以最大的熱情幫助那些煤礦工人，他義務收容那些受重傷而垂死的礦工，希望以撫慰之詞和自我犧牲的精神幫助他們，然而，他只做了半年就被解雇了，原因是他對工作過分熱情。

割耳事件

傳聞，梵谷由於與好友高更發生激烈爭執，導致高更憤怒之下離他而去。梵谷因情緒激動而導致精神失常，於當晚揮刀割掉自己的左耳。

也有學者認為，梵谷的左耳是在與高更的一次爭吵中被對方誤傷而割掉的。不過，事後兩人為了繼續維持友誼，而向警

方謊稱割耳事件是梵谷自己動手所爲。不過，這個假設爭議性很高，此事目前尚無任何可靠解釋。

自殺身亡

梵谷在7月27日傍晚散步時用手槍自殺，終年37歲。死前說了一句話：「La tristesse durera toujours.」意思是「悲傷會永遠留存」。梵谷的弟弟西奧由於過度悲痛和精神失常也在半年後逝世，死後葬於其兄墓旁。

現代主義藝術之父
巴勃羅・畢卡索

● 他是誰

巴勃羅・畢卡索（1881年10月25日～1973年4月8日），西班牙著名畫家、雕塑家，法國共產黨黨員，和喬治・布拉克同為立體主義的創始者。畢卡索是20世紀現代藝術的主要代表人物之一，被譽為「現代主義藝術之父」。

● 拋棄畢卡索的女人

眾所周知，畢卡索一生情人無數，女人對他來說就是靈感的源泉。法蘭西斯・吉洛是畢卡索的女人之一，為什麼要特別提到這個女人呢？因為她是唯一一個拋棄畢卡索的女人。

吉洛與畢卡索共同生活了10年，生育了兩個孩子克洛德和帕洛馬。她很清楚畢卡索的為人，她說：「我知道畢卡索有了新模特兒之後會如何毀滅前一個女人。」因此，她決定在「被毀滅之前」帶著孩子離開，畢卡索還曾經警告說：「沒有人會離開我這樣的男人。」

● 曾經色大膽小

對於女人，畢卡索也有過色大膽小的時候，當年，63歲的藝術大師畢卡索與17歲的吉納維夫初次相遇，儘管非常尷尬，

但畢卡索曾承認，當時他很想引誘這個女孩，只是沒敢這麼做。

如願以償

畢卡索與吉納維夫的故事並沒有結束，7年之後，一個電閃雷鳴的夜晚他們最終成爲了情人。回憶起當時的情景，吉納維夫依然記憶猶新：「我對畢卡索說我該回家了，就在這時奇怪的事情發生了，我發誓那簡直就像一場童話故事。房間裡的光線暗了下來，透過天窗我看到了空中的滾滾烏雲，似乎只有在剛果的熱帶風暴中會出現這種景象。畢卡索當時對我說：『等一會兒，一場風暴就要來了。』接下來就是電閃雷鳴，冰雹也接踵而至……接下來發生了什麼我就記不清楚了。」

曲終人散

畢卡索與吉納維夫的地下情持續了兩年，因爲畢卡索當時已經與女畫家弗朗索瓦茲·吉洛生活在一起了。1953年，畢卡索要求吉納維夫和他一起移居到法國南部生活，但被後者拒絕，從而結束了這段浪漫的愛情。

長壽之謎

畢卡索是一位長壽畫家，活到了92歲。關於長壽的原因，可能與他的生活方式有關。畢卡索喜歡運動，熱愛大自然，一生持續運動。作爲西班牙人，畢卡索尤其喜愛鬥牛，經常表演

鬥牛舞，既有樂趣，又能鍛鍊身體。此外，畢卡索的性格開朗、樂觀也是其長壽的原因之一。

小偷的肖像

傳說，曾經有個小偷闖入抽象派畫家畢卡索的家中行竊，當小偷拿到東西往外跑的時候，畢卡索和他的女管家都看見了小偷的臉，於是兩人分別把小偷的肖像畫了出來，拿到警察局報案。員警對照著女管家的速寫畫很快抓獲了這名小偷。然而，按照畢卡索的畫去抓人，竟有不少嫌疑人被帶到警察局。

寬大為懷

畢卡索對冒充他的作品的假畫從不追究，即便看到有人偽造他的畫時，也只是把偽造的簽名塗掉。有人問他原因，畢卡索說，做假畫的人不是窮畫家就是老朋友，我怎麼能為難老朋友呢？況且，那些鑒定真跡的專家也要吃飯，再說我也沒吃什麼虧。

代表作

納粹德國在慘無人道的炸毀了西班牙小鎮格爾尼卡後，畢卡索義憤填膺，創作出著名的立體主義作品《格爾尼卡》。在巴黎的畢卡索藝術館，畢卡索站在門口，給每一個進入藝術館的德國軍人發一張《格爾尼卡》的複製品。某軍官問：「這是您的代表作嗎？」「不，」畢卡索說，「是你們的代表作。」

沒來得及畫自己便去世

畢卡索一生從沒給自己畫過像。1973年4月7日，92歲的畢卡索在雅克琳的陪同下，走到大廳的鏡子前，說：「明天，我要開始畫我自己。」誰也沒有想到，第二天他就與世長辭了。

音樂神童
沃爾夫岡・阿瑪多伊斯・莫札特

他是誰

沃爾夫岡・阿瑪多伊斯・莫札特（1756年1月27日～1791年12月5日），是歐洲最偉大的古典主義音樂作曲家之一。莫札特3歲開始學習鋼琴，4歲就能記譜，5歲便開始作曲，6歲和姐姐一起跟隨父親到歐洲旅行演出，轟動了整個歐洲，被譽為「音樂神童」。莫札特35歲便早早地離世，留下的重要作品囊括了當時所有的音樂類型。

莫札特之死

《魔笛》的成功上演為瀕臨崩潰的莫札特帶來了難以言喻的欣慰。1791年12月4日深夜，他躺在冷冷清清的病榻上，喃喃自語地回憶著《魔笛》的演出：第一幕結束了……現在開始夜後的詠歎調……淩晨1點，他閉上了雙眼。

由於常年飽受病痛的折磨，再加上繁重的工作以及長期處於生活拮据的窘境，莫札特36歲就英年早逝。

死於旋毛蟲病

據說，莫札特很有可能死於旋毛蟲病，這種病是由於吃了生的或沒有煮熟的含有旋毛蟲包囊的豬肉而引起的。旋毛蟲病

的症狀是四肢腫脹、發燒，並且全身發癢。在莫札特生活的年代，嚴重的旋毛蟲病足以致命。生前，莫札特曾抱怨過渾身發癢。赫希曼是根據1791年10月7日莫札特寫給妻子的一封信推斷他的死因的。莫札特在信中寫道：「你猜我聞到了什麼味道？豬排味！多好的味道啊，我要去吃，並祝你身體健康！」寫完這封信45天後，莫札特就撒手人寰了。旋毛蟲病的潛伏期一般是50天，這與莫札特的死亡時間相吻合。

被人下毒

1791年12月31日出版的《音樂週報》登載：「因為他的屍體腫大，所以認為他是被毒死的。」這是莫札特死因的第二個版本。

莫札特的第一位傳記作家曾寫下了據說是莫札特於1791年秋天在維也納普拉特公園對妻子康斯坦則說的話：「我活不久了，當然，有人給我下了毒！」然而，沒有任何證據證明莫札特講過這句話。

怪癖

據說，莫札特有一個怪癖，那就是每晚睡覺時都要戴著眼鏡。有人問他為什麼，他回答說：「我經常在夢中夢到一些樂曲的旋律，如果不戴上眼鏡就什麼音符都看不清，那麼醒來就會忘得一乾二淨了。」

大便控

傳說莫札特是個大便控，在他的信件中經常提到「大便」這個詞，他在給堂妹的一封信中寫道：「哦，我的屁股像火在燒……也許是有糞便要出來了！」他的書簡集裡出現了關於大便的字眼共100多處。

讓理髮師頭疼的傢伙

莫札特是一個讓理髮師頭疼的傢伙，據他的理髮師回憶，幫他弄頭髮是件很困難的事——他從來坐不安穩，每時每刻都有靈感出現，然後就會立刻跑向鋼琴，理髮師也只能跟在後面。

如此施捨

一天，莫札特在維也納的街頭碰見一名自稱和他有親戚關係的乞丐，這名乞丐求他施捨，莫札特沒有給乞丐錢，而是將他帶到一間咖啡館，在那兒寫出了一首小步舞曲和三重奏。接著，他又寫了一封信，讓乞丐帶著曲子和信去見出版商，於是乞丐領到了大約五個金幣作為報酬。

莫札特到底有多高

據一些歷史資料記載，莫札特身高僅為150cm。不過，這很可能是誤傳，因為據其他資料顯示，莫札特的身高應該在162cm

到164cm之間。可以肯定的是，莫札特的身高略低於當時的平均身高。

莫札特的感情生活

根據莫札特的信件推斷，他曾與3個女人有過戀情。她們分別是奧格斯堡的瑪麗埡‧安娜‧特克拉（莫札特的表妹）、阿洛伊西婭‧韋伯和後來成為他妻子的康斯坦則。然而，傳言卻顯示，他可能還與其他女性有染，但這種說法無法從莫札特留下的資料中得到證實。

樂聖
路德維希·凡·貝多芬

他是誰

路德維希·凡·貝多芬（1770～1827年），德國作曲家、鋼琴家、指揮家，維也納古典樂派代表人物之一。貝多芬的作品對音樂的發展有著深遠影響，貝多芬被尊稱為樂聖。

埋下禍根

貝多芬很可能在他5歲的時候就患有中耳炎，但並沒有得到良好的治療，這可能為其日後的耳疾埋下禍根。

生活拮据

貝多芬剛到維也納的前兩年，生活困難，經濟拮据，他住在一個地下室裡。為了實現音樂夢想，他不得不在服裝、樂器、傢俱，還有社交方面花錢，例如，他的筆記本上記有這麼一筆「25個格羅申，為自己和海頓買咖啡」。他每花一個格羅申都要掂量、計算一番。

我行我素

貝多芬我行我素的性格讓人很難與之相處，他完全按照自己的興趣意願行事。一次，為了空氣流通和看清窗外的景物，

他竟把窗戶砍掉一塊。正因爲這個性格，他總是和房東發生糾葛，因此不斷搬家。

貝多芬處於創作高潮時，總是把一盆又一盆的水潑到自己頭上來使它冷卻，直到水浸透到樓下的房間，這也是他頻繁搬家的原因之一。

去世

1826年12月，貝多芬患上重感冒，導致肺水腫。1827年3月26日，貝多芬逝世，原因是他患了肝臟病。據說，在他臨終前突然風雪交加，雷聲隆隆，看來上天也爲這位偉大音樂家的去世而哀悼！

很少聽別人的音樂

貝多芬很少聽別人的音樂，因爲他認爲陌生感和原創性是非常重要的。一次，一位女士問貝多芬是否經常去看莫札特的歌劇，他回答說：我對那些作品不是很瞭解，而且除了我自己的音樂之外很少聽別人的作品，不然會影響我的原創性。

取笑聽眾

貝多芬善於營造感人的音樂氣氛，他的作品中總是帶有非同尋常的感情，聽眾們經常爲此淚濕了雙眼，許多人甚至會大聲地抽泣。然而，貝多芬在這種即興表演結束後，總是朗聲大笑，取笑那些被他感動的聽眾：「你們都是傻瓜！」他會說：

「誰能生活在這麼一群被寵壞的孩子當中！」

從「拿破崙‧波拿巴」到「英雄」

貝多芬著名的降E大調第三交響曲，又名《英雄交響曲》，本來是應法國駐維也納大使的邀請為拿破崙寫的，原稿上的標題是《拿破崙‧波拿巴大交響曲》。然而，當貝多芬聽到拿破崙稱帝的消息時，憤然撕去封面頁，改成了《英雄交響曲》。

貝多芬曾憤怒地說：「那麼，他，也成了一個凡夫俗子！現在，他也會踐踏他人的權利，滿足自己的野心。他會將自己置於他人之上，成為一個暴君！」

耳聾之謎

據說，貝多芬是在替一個脾氣極壞的男高音寫詠歎調時耳聾的。貝多芬為同樣的臺詞寫了兩首輝煌的詠歎調，但男高音還是不滿意。直到貝多芬又寫了第三首，男高音才勉強認可，拿走了樂譜。

貝多芬慶倖自己打發走了這個傢伙，轉而繼續創作其他作品。誰知，沒過半個小時，男高音又來了，盛怒中的貝多芬從椅子上跳起來，結果不小心摔倒在地上。當他再站起來的時候，發現耳朵聾了。

關於耳聾的另一個版本

據說，一次貝多芬在花園裡作曲，因為太專心而沒有注意

到突至的傾盆大雨。結果，從那天起他便得了耳聾症，無論是藝術還是時間都無法令之痊癒。

見過貝多芬創作

某日，兩位詩人相約去拜訪貝多芬。結果，他們按了門鈴，很久都沒人回答。見門開著，便走了進去。他們看見貝多芬正在專心致志地創作，用鉛筆在牆上寫音符，一邊打著節奏，一邊在沒有弦的鋼琴上彈著和絃。

貝多芬對兩位詩人的來訪絲毫沒有察覺，而兩人又不敢貿然上前，如果打斷他的創作，肯定會非常尷尬。其中一人打趣道：「我們沒有白來，至少可以自豪地說：『我見過貝多芬創作。』」

倒楣的廚師

不要以為貝多芬的廚師有多麼好當，這個脾氣暴躁的樂聖可不是那麼好伺候的。貝多芬最喜歡吃做成粥狀的麵包湯，每週四都要吃一頓。他的麵包湯需要十個雞蛋，每次在雞蛋與其他成分混合之前，他都要親自檢查一下那些蛋，如果發現某顆蛋壞了，就會把廚師大罵一頓。

所以，聰明的廚師遇到這種情況時總會先一步逃走，避免被罵得狗血噴頭。然而，有一次，廚師剛要轉身逃走，就被貝多芬用壞雞蛋扔了一身。

● 侄子卡爾的自殺風波

當年，貝多芬的侄子卡爾因為無法忍受自己的一無是處以及欠下的一身債務，同時又害怕受到叔叔的責備（因為他「已經對這些愚蠢的指責厭煩透了」），於是決定自殺。不過，這次自殺相當失敗，他用槍對準了太陽穴，結果只擦傷了骨膜，事後被送往維也納綜合醫院。

侄子的自殺對貝多芬造成了嚴重的打擊，他像一個失去了愛子的父親一樣委靡不振。

鋼琴詩人
弗里德里克‧弗朗索瓦‧蕭邦

他是誰

弗里德里克‧弗朗索瓦‧蕭邦（1810年3月1日～1849年10月17日），原名弗里德里克‧弗朗齊歇克‧蕭邦，波蘭作曲家和鋼琴家。

他是歷史上最具影響力和最受歡迎的鋼琴作曲家之一，是波蘭音樂史上最重要的人物之一，是歐洲十九世紀浪漫主義音樂的代表人物。蕭邦一生的創作大多是鋼琴曲，被譽為「鋼琴詩人」。

一鳴驚人

1831年，蕭邦從波蘭流亡到巴黎。與成名已久的李斯特相比，蕭邦只是個默默無聞的小人物，而李斯特對蕭邦讚賞有加，於是想方設法為他創造機會。

一次，在演奏鋼琴時，李斯特坐在鋼琴前面，當劇場的燈光熄滅時，他就悄悄地讓蕭邦過來代替自己演奏。

演出結束後，燈光亮起，觀眾看到舞臺上謝幕的人居然是一個陌生的青年，從此，蕭邦在巴黎一鳴驚人。

葬禮進行曲

據說，只有一個方法可以將蕭邦從鋼琴邊拉走，而且這個方法屢試不爽——那就是讓他彈一首在波蘭發生災難之後而作的葬禮進行曲。蕭邦從來不會拒絕演奏，但每次演奏完，他就會戴上帽子馬上離開。

蕭邦的遺願

1849年，蕭邦的病情加重，已無法繼續演出，最終於10月17日病逝在巴黎市中心的家中，時年39歲。

根據蕭邦的遺願，他的遺體被安放在巴黎市內的拉雪茲神父公墓，然而他卻要求將自己的心臟裝在甕裡並移到華沙，封在聖十字教堂的柱子裡。

原因是柱子上刻有馬太福音6章21節：「因為你的財寶在哪裡，你的心也在哪裡。」

赤子之心

蕭邦無時無刻不在思念著祖國的安危，他在被迫逃離祖國的前一天晚上，在華沙舉行了告別音樂會。結束後，他帶著一個盛著祖國泥土的瓶子離開了家鄉。

蕭邦離鄉背井19年，日夜思念祖國。臨終時，囑咐一定要把他的心臟運回波蘭。所以，他的那顆赤子之心一直保存在華沙聖十字教堂。

消失的心臟

當年，德國法西斯軍隊侵佔華沙的那一天，蕭邦的心臟突然不見了。直到華沙解放的那一天，蕭邦的心臟才再次出現。原來，波蘭的愛國志士為了避免納粹的破壞，把這位偉大音樂家的心臟藏了起來。

鋼琴之王
弗朗茲・李斯特

他是誰

弗朗茲・李斯特（1811年10月22日～1886年7月31日），匈牙利著名作曲家、鋼琴家、指揮家，偉大的浪漫主義大師，浪漫主義前期最傑出的代表人物之一。他首創了背譜演奏法，獲得了「鋼琴之王」的美稱。

第一次挫折

李斯特人生中的第一次真正的挫折來自他的初戀。當年，李斯特愛上了一個貴族的女兒，但是這段戀情被那位貴族父親粗暴地、乾脆俐落地終止了。

年輕的李斯特備受打擊，他是一位赫赫有名的音樂天才，從不認爲自己有不及他人之處，而此時他卻突然發現，自己不過是個貧民而已，那道無形的階級鴻溝無情地將他關在了幸福的大門外。

獻身宗教

受挫之後的少年李斯特決心放棄音樂，獻身宗教，因爲他覺得只有在上帝面前，才能人人平等。

由於在音樂界銷聲匿跡，人們都以爲他死了，甚至一本正

經地在報紙上發了訃告。

最終，李斯特還是在好友的幫助下，重新燃起了希望，疏散了內心深處鬱積的痛苦，重回正軌。

冒名頂替

曾經，有一個女孩為了生計冒充李斯特的學生，不料，在某次音樂會的前一天，李斯特突然出現在女孩面前。女孩被嚇壞了，道出了實情，並請求寬恕。

李斯特在得知原委後，顯得非常寬容。

他為女孩指點了一首曲子，並且告訴她：「好了，晚上你大膽地上臺演奏吧，現在你已經是我的學生了。為了證明這一點，你可以向劇場經理宣佈，晚會增加一個節目，是由你的老師——我，為我的學生演奏的。」

第二天，音樂會如期舉行。結尾時，聽眾突然歡呼起來，原來，彈奏最後一支曲子的不是學生，而是老師李斯特。

慶倖聽到了李斯特

作曲家拉夫早年在蘇黎世生活拮据，1845年6月19日，他聽說自己的偶像李斯特要在巴塞爾舉辦音樂會，由於沒錢乘車，他便冒著大風大雨，趕到了80公里外。可是，當他趕到的時候，音樂會門票已經全部售完。

這時，李斯特的祕書貝洛尼發現了神情沮喪的拉夫，並轉告了李斯特。李斯特得知後，不但破例允許他進入音樂會，還

讓他穿著濕衣服，與自己一起坐在舞臺上。

　　「我坐在那裡，簡直像是一處流淌的泉水。」拉夫回憶道，「我忘卻了所有的事情，只是慶倖自己見到了李斯特。」

貝多芬之後最後一位古典音樂大師
約翰內斯‧勃拉姆斯

他是誰

約翰內斯‧勃拉姆斯（1833年5月7日～1897年4月3日），浪漫主義中期德國作曲家。生於漢堡，死於維也納，他的大部分創作是在維也納進行的，他是維也納的音樂領袖人物。

評論家將其與巴赫（Bach）、貝多芬（Beethoven）並稱為三B。他對標題音樂與華格納樂劇形式不認同，走的是純粹音樂路線。

愛上師母

1853年，20歲的勃拉姆斯初次見到大他14歲的舒曼之妻克拉拉。勃拉姆斯對克拉拉一見鍾情，然而，他知道，這份對師母的愛戀永遠沒有結果。

勃拉姆斯始終尊重如同父兄的老師舒曼，在此後的幾年時間裡，勃拉姆斯和克拉拉一起照顧生病的舒曼以及克拉拉的孩子們，直到1856年，舒曼在精神病醫院裡死去。

勃拉姆斯用理智壓制住感情，他用空間隔絕的方式把自己的愛也隔絕在絕望的思念裡，他只有選擇離開，永不相見。然而，他的心卻未曾離開。

勃拉姆斯資助克拉拉全國巡迴演奏舒曼的所有作品；無數

封寫給克拉拉的情書從未寄出；他一直和克拉拉保持著聯繫，時刻關心著對方的生活。

1875年，歷時20年的作品《c小調鋼琴四重奏》完成之後，他先寄給了克拉拉；他一生所創作的每一份樂譜手稿，都會寄給克拉拉。

為了克拉拉，勃拉姆斯一生未婚。

內心自卑

勃拉姆斯身材不高，雖然穿梭在上流社會，但卻因為出身低微而對上流社會女性有種自卑感。雖然早年相貌俊美，金髮碧眼，晚年則留起大鬍子，被懷疑自暴自棄。

巧妙脫身

勃拉姆斯的樂曲多以抒情的旋律見長，因此深得年輕女士的喜愛。

有一次，勃拉姆斯被一群女士團團圍住，她們喋喋不休地問這問那，他被擾得心煩意亂，幾次想藉故脫身，但卻無法突出重圍。

這時，他想到一條妙計，只見勃拉姆斯得意地取出一支雪茄點了起來，悠然自得地吞雲吐霧。

女士們受不了濃烈的菸味，就對他說：「紳士不該在女士面前抽菸。」

勃拉姆斯一邊繼續吞雲吐霧，一邊悠然地說：「女士們，

哪兒有天使，哪兒就一定祥雲繚繞。」

崇拜貝多芬

勃拉姆斯非常崇拜貝多芬，從一件軼事中便可看出。一次，勃拉姆斯受一位銀行家的邀請，去他的家中做客。銀行家拿出了很多葡萄酒，說道：「親愛的博士先生，您的光臨使我感到萬分榮幸！為了這令人高興的時刻，我從酒窖裡取出了我珍藏的最好的名酒。請您品嘗！這是我葡萄酒中的勃拉姆斯！」

勃拉姆斯品嘗了一口，點了點頭，隨即說道：「很好。不過，如果這是您酒中的勃拉姆斯，那麼，您最好還是把貝多芬拿上來吧！」

我不想把你的樂譜變成墳墓

曾經，雨果‧沃爾夫拿了幾首自己寫的樂曲請教勃拉姆斯，並謙虛地說如果樂曲中有不合適的地方，請畫個十字予以批註。不料，勃拉姆斯拒絕了，他說：「我不想把你的樂譜變成墳墓。」

如果死的是你就好了

曾經，一位無名作曲家捧著一份手稿去找勃拉姆斯，自豪地說：「我為了紀念剛剛去世的偉大作曲家查理斯‧古諾寫了一首進行曲。」

勃拉姆斯掃了一眼樂譜，說道：「如果死的是你，寫進行曲的是古諾，那就好多了。」

這張紙確實不錯

據說，當年布魯赫拿著剛剛完成的小提琴協奏曲前來請勃拉姆斯指點，勃拉姆斯面無表情地聽完之後，用手撫摸著面前的曲譜，露出讚賞的目光，他說道：「你這張紙真的很不錯。」

俄羅斯之魂

彼得・伊里奇・柴可夫斯基

他是誰

　　彼得・伊里奇・柴可夫斯基（1840年5月7日～1893年11月6日），十九世紀偉大的俄羅斯作曲家、音樂教育家，被譽為俄羅斯之魂。

性格脆弱

　　柴可夫斯基性格內向，身體虛弱，感情豐富。他與瘋狂崇拜自己的女學生的婚姻破裂後，企圖自殺，他的朋友把他送往外國療養。

無疾而終的戀情

　　學生時期，柴可夫斯基曾經暗戀過法國女歌手狄希耶・雅朵，然而這段戀情在女方結婚之後無疾而終。

被瘋狂求愛

　　柴可夫斯基在莫斯科音樂院教書時，曾經被一名偏執的女學生瘋狂求愛，大量的情書如雪花般飄來，揚言非他不嫁，甚至以死要脅。當時，柴可夫斯基由於入戲太深，把自己當做詩作《尤金・奧尼金》中的主角，所以答應了這段感情，兩人於

1877年7月18日結婚。

後悔

這段婚姻連蜜月都還沒結束，柴可夫斯基就後悔了，兩人結束蜜月之旅，於7月26日回到莫斯科時，他已經瀕臨崩潰。婚後兩周，柴可夫斯基企圖在冰冷的莫斯科河中自殺，但是隨後卻因為受不住寒冷而放棄，也因此染上嚴重的肺炎。此後，精神崩潰的柴可夫斯基逃到聖彼德堡。

名存實亡的婚姻

柴可夫斯基聽從精神醫師的建議，不再見新婚妻子。從此以後，柴可夫斯基真的沒有再見過妻子，只是定期寄生活費給她，直到去世，兩人依然保持著名存實亡的婚姻關係。

精神病妻子

柴可夫斯基的妻子安東妮雅不同意離婚，卻和別人生下孩子，她的孩子被丟到了孤兒院。安東妮雅在1896年被診斷出有精神病，並於1917年病逝。

死於霍亂還是自殺

關於柴可夫斯基的死因一直是未解之謎，1893年11月7日彼得堡所有報刊上突然刊出柴可夫斯基不幸逝世的消息。根據官方的報導：那天，柴可夫斯基在演出《悲愴交響曲》之後，在

返回住處的途中感到口渴，於是在涅瓦大街一家飯店喝了一杯水，回到住處後就病倒了，過了幾天便逝世了。醫生診斷，水中含有霍亂病菌，致使他身亡。

不過，有學者認為，柴可夫斯基是在感受到《悲愴交響曲》的失敗後自殺身亡。

柴可夫斯基並非同性戀

關於柴可夫斯基是同性戀的說法一度甚囂塵上，然而，拉脫維亞最負盛名的心理學家和性學家亞尼斯·紮利季斯，經過多年來對柴可夫斯基的作品和生平的研究得出結論：關於柴可夫斯基是同性戀的傳聞純屬無稽之談。

指揮帝王
赫伯特·馮·卡拉揚

他是誰

赫伯特·馮·卡拉揚（1908年4月5日～1989年7月16日），出生於薩爾茨堡，是一位奧地利指揮家、鍵盤樂器演奏家和導演。卡拉揚在音樂界享有盛譽，甚至在中文領域被人稱為「指揮帝王」。

加入納粹

卡拉揚曾經為了職業發展，被迫加入納粹黨。不過，「二戰」後因其納粹身份，很多猶太音樂家拒絕與他合作，並且他還被禁止參加國際演出。

心臟病發作

1989年7月16日，卡拉揚在家中接見來訪的老友日本索尼公司總裁大賀典雄，兩人談及飛機及音樂出版的事情。卡拉揚感到有些難受，於是喝下一杯水，說了句感覺好了一點，然後就倒在了一邊，再也沒有醒來。此前，他在薩爾斯堡排練威爾第的歌劇《假面舞會》時曾經感到身體不適。後經證實，卡拉揚死於心臟病發作。

巨額遺產

卡拉揚逝世之後留下了巨額遺產，據說高達5億馬克，他還留下了私人飛機、遊艇和跑車等，這些財產都由他的第三任妻子艾莉塔繼承。

無法忘記

據德國《星期日世界報》報導，在卡拉揚去世近20年後，艾莉塔提到他時還淚眼汪汪。時間並沒有帶走一切，艾莉塔對丈夫的思念永遠也不會停止。

在丈夫去世後的那段日子裡，艾莉塔甚至不敢再去聽音樂會，因為她會情不自禁地想到丈夫，這會讓她心如刀絞，她也很久沒有再聽卡拉揚的錄音。

雖然繼承了巨額遺產，但艾莉塔位於薩爾茨堡附近的莊園卻樸實無華，卡拉揚去世的房間至今仍保持著原樣。

高音C之王
盧奇亞諾‧帕華洛帝

他是誰

盧奇亞諾‧帕華洛帝（1935年10月12日～2007年9月6日），二十世紀後半葉的世界三大男高音之一，別號「高音C之王」。

擾民

1940年，帕華洛帝5歲的時候得到了第一把吉他玩具，他經常在午飯之後演唱一些民歌，那時小帕華洛帝並沒有意識到自己的嗓音很高，以至午睡的鄰居經常打開窗，向他抗議：「夠了！別唱了！」

被哄下場

誰能想到，世界著名男高音帕華洛帝在年青的時候，也有被觀眾哄下場的經歷。1952年，帕華洛帝由父親介紹到「羅西尼」合唱團，從此開始隨合唱團在各地舉行音樂會。為了能吸引經紀人的注意，他經常參演各種免費的音樂會，但都沒有成功。在菲拉拉舉行的一場音樂會上，他甚至因表現不佳被滿場觀眾哄下了舞臺。

會賣保險，不會教課

1955年，帕華洛帝一邊學習唱歌，一邊推銷保險，同時他還在一所小學做代課老師。帕華洛帝上午教課，下午賣保險，由於工作努力，不久就成了賣保險的行家；但對於教課，他覺得就像是一場惡夢，他承認：「我無法在學生面前顯現出自己必要的權威。」

飛機驚魂

1975年12月，39歲的帕華洛帝在返回米蘭的飛機上，險些遭遇飛機失事，最終化險爲夷，飛機迫降成功。在空中遇到危險時，帕華洛帝曾立下誓言：「如果我能活著，我將和父親一起在摩德納教堂唱感恩詩。」

「滿意，也不滿意」

帕華洛帝曾經受到逃漏稅款的指控，但他堅稱自己沒有做錯什麼。他對這起官司的評價是「滿意，也不滿意」，「滿意，是因爲讓我感到令人痛苦的官司終於過去了，不滿意，是因爲我不得不從口袋中掏出幾百億里拉。」

飲食習慣

帕華洛帝的飲食習慣並不那麼健康，這從他的身材便可看出。據說，帕華洛帝用在斯卡拉劇院得到的第一筆薪水來購買

金屬榨汁機。成名之後，行李中常攜帶精選的肉類。

一次，帕華洛帝入住邁阿密的酒店，竟要求酒店提供一套專用的肉類切片機，經理因不敢得罪而立即照辦。

不識樂譜

義大利《晚郵報》曾披露被譽為「世界第一男高音」的帕華洛帝承認自己不識樂譜。在一次活動上，帕華洛帝和另一名知名義大利演唱家加斯曼合作表演二重唱。加斯曼於彩排時發現帕華洛帝無需樂譜，便意識到他很可能不懂樂譜，從此帕華洛帝不懂樂譜的傳聞便傳開了。帕華洛帝其後接受《晚郵報》採訪後表示：「這是真的，我不懂樂譜」，坦承後引起樂迷廣為討論，褒貶不一。

其實，帕華洛帝只是不懂交響樂的樂譜，這跟平常的樂譜完全是兩碼事。

個人資產

帕華洛帝自1961年首次登臺演出後，身價一路飆升。據說最早演出一場歌劇的酬勞為400美金，前妻曾經描述過他第一次領到一大筆酬金時的情景：「我看見他把掙來的錢一張張鋪在臥室裡，床上、衣櫃上和椅子上到處都是，他甚至把錢粘到了牆上。」

20世紀90年代中期，他已是世界上最負盛名、酬金最高的男高音歌唱家，出場費在50萬至100萬美元之間。20世紀90年代

後期開始，他的年收入約爲3500萬英鎊。據估計，帕華洛帝的個人財產超過3億英鎊。

被上帝吻過

帕華洛帝生性幽默，一次名演員英格麗‧褒曼的女兒、漂亮的女記者皮婭‧林德斯多採訪他。皮婭對帕華洛帝說：「人們說你的聲帶一定是被上帝親吻過，才會發出如此美妙的聲音。」帕華洛帝機靈幽默地回答：「那我想上帝一定吻過了你的全身。」

「舉步維艱」

帕華洛帝承認，自己的大塊頭是吃出來的，這樣的身材給他帶來諸多不便。一次，他來到貝爾法斯特，酒店的工人不得不把套房的大門鑿寬，以便讓他順利通過。

還有一次，他在倫敦的海德公園演出，帕華洛帝要求主辦方在後臺安裝一部油壓升降機，以便他可以從自己的豪華汽車裡直接邁上舞臺。

在北京紫禁城的「世界三大男高音演唱會」中，他要求用一輛「電瓶車」來代步，甚至還提出自己從後臺到前臺的步行距離最多不能超過50步。

披頭四樂隊靈魂
約翰·溫斯頓·藍儂

他是誰

約翰·溫斯頓·藍儂（1940年10月9日～1980年12月8日），英國搖滾音樂人、創作歌手、作家、社會活動家、反戰人士，以身為披頭四樂隊創團團員而揚名全球。在2002年的一次BBC民調票選百位偉大英國人中，藍儂名列第八。

叛逆性格

藍儂的父親在他只有三歲的時候就拋棄了他和母親，可能由於這個原因，藍儂小時候極具叛逆性格。藍儂經常翹課，經常在作業本上亂寫亂畫。

床上和平行動

這是一次著名的行為藝術，被譽為史上最經典的作品之一，由藍儂和妻子小野洋子在蒙特利爾度蜜月時完成。兩人是為反對美國對越南的戰爭而創作的，他們在荷蘭阿姆斯特丹的一家旅館的大床上整整7天不下床，接受各大媒體的採訪和拍照。也是從那個時候開始，夫婦倆鮮明地將反戰和宣揚和平的理念融進他們的藝術創作中。

藍儂的情人

據《每日郵報》報導，阿爾瑪・柯岡是英國最早的流行樂女星，34歲時去世。她的妹妹透露，阿爾瑪是披頭四樂隊主唱及靈魂人物約翰・藍儂的祕密情人。

藍儂的首任妻子辛西婭懷疑阿爾瑪和約翰是情人。她回憶道：「我感覺他們之間有感情，她和他在一起時毫無顧忌地調情。但是我沒有確鑿的證據，那僅僅是一種感覺。」

事實上，她的猜測是正確的。阿爾瑪和約翰的地下情被掩蓋得十分好，他們用匿名在倫敦西區的酒店套房裡約會，有時以「溫斯頓夫婦」的名義登記。但估計他們沒有想到，這段地下情會在數十年後被曝光。

遇刺身亡

1980年12月8日，約翰・藍儂在紐約被槍殺，兇手名叫馬克・大衛・查普曼，是一名狂熱的樂迷，當時總共向藍儂開了六槍。後來，他被警方抓獲並被判終生在精神病院度過。

12月14日下午2點，全球的藍儂樂迷集體為他致哀10分鐘，他的意外身亡也使「Double Fantasy（雙重夢幻）」等唱片在全球銷量飆升。

流行音樂之王
麥可傑克森

他是誰

　　麥可傑克森（1958年8月29日～2009年6月25日），簡稱MJ，是一名在世界各地極具影響力的歌手、作曲家、作詞家、舞蹈家、演員、導演、唱片製作人、慈善家、時尚引領者，被譽為流行音樂之王。麥可傑克森與貓王、披頭四被認為是流行樂史上並列的最偉大的三個歌手，也是吉尼斯世界紀錄評鑒的「人類史上最成功的藝人」。

慈善家

　　麥可傑克森是一位慷慨的慈善家和人道主義者，他曾為慈善事業捐款3億美元，是全世界以個人名義捐助慈善事業最多的藝人，他還贊助了世界上39個慈善救助基金會。

一鳴驚人

　　麥可傑克森和他的兄弟姐妹有一次不小心弄壞了父親的吉他，被要求演奏一段音樂，結果孩子們的音樂天賦盡顯無遺，一鳴驚人，這讓父親產生了「造星」的念頭，希望他們能在音樂界有所造詣。

在家不打扮，出外必有型

麥可傑克森在《月球漫步》一書中表示，他待在家及錄音室時不喜歡打扮，不戴飾品，「因爲礙手礙腳」他寫道，「但我一出門，就要穿上有型、搶眼、剪裁良好的衣服。」

白襪、手套與臂環

白襪在50年代曾風靡一時，然而到了六七十年代卻成了老土的象徵。不過，麥可傑克森卻一直喜歡穿著白襪。此舉還曾遭到兄長的反對，他的哥哥傑曼·傑克森爲此甚至經常向母親告狀。「他們全說我是怪胎，但我還是照樣穿我的白襪。」

麥可傑克森在表演時經常戴著手套，這也成爲了他的代表之一。「戴一隻手套很有演藝圈的味道，我喜歡這樣戴。」

在麥可傑克森的右臂上總是佩戴著臂環，爲的是「永遠銘記世界上所有遭受苦難的兒童」，展現了他的人道主義精神。

「給予之樹」

麥可傑克森從小就喜歡爬樹，據說，他經常在夢幻莊園的樹上創作歌曲，他把樹稱爲「給予之樹」，因爲他可以從中得到靈感。

麥可傑克森的黑猩猩

麥可傑克森在夢幻莊園撫養了一隻名叫巴伯斯的黑猩猩，

麥可傑克森對其寵愛有加。巴伯斯發育成熟後被移出莊園，理由是成年黑猩猩強壯而具有危險性。

在麥可傑克森去世後，媒體發現巴伯斯和其他同住的猩猩表情截然不同，就像是在等待著某個人，因此人們猜測他是在掛念麥可傑克森。他在遺囑中，給巴伯斯留下了近200萬美元的巨額財產，爲的就是給它後半生提供良好的生活保障。

第一個與麥可傑克森在公開場合接吻的女人

塔汀娜・讓卜蒂森是《The Way You Make Me Feel》的女主角，她曾於2005年出版自傳，書的名字是《他給我的感覺》，詳細描述了她和麥可傑克森的緋聞，因爲她是第一個在公開場合和麥可傑克森接吻的女人。她一直都沒有結婚，因爲她深愛著麥可傑克森。

流行天王之死

麥可傑克森因心跳停止跳動陷入深度昏迷，於洛杉磯時間2009年6月25日14：26被宣告死亡，終年50歲。洛杉磯縣驗屍官在驗屍後宣佈他的私人醫生過失致其死亡，麥可傑克森的私人醫生亦承認罪名「過失致死罪」。

麥可傑克森的死引發了全球性悲痛，超過10億人觀看了公衆悼念儀式的電視直播。

涅槃樂隊主唱

科特‧唐納德‧柯本

他是誰

科特‧唐納德‧柯本（1967年2月20日～1994年4月5日），美國音樂家，涅槃樂隊的主唱、吉他手與詞曲創作者。1994年4月5日，因不堪忍受胃痛、藥物及成功帶來的壓力，在西雅圖家中開槍自殺，時年27歲。

童年陰影

柯本的童年本來很美好，但在他八歲的時候，父母離異，柯本後來表示，這件事對他的一生造成了深刻的影響。他的母親指出，在此之後，柯本的性格變得十分內向，並且寡言少語。

在1993年的一次訪談中，柯本說道：「我記得我基於某些原因，覺得羞愧。我為我的父母感到羞愧。我在學校再也沒辦法面對某些朋友，因為我不顧一切地想要擁有普通的生活。你知道，典型的家庭、媽媽、爸爸。我渴望這種平安，所以我痛恨我的父母，我因此沉默了好些年。」

一夜成名

Nevermind 賣出了超過1000萬張，科特‧柯本一夜成名。但

是，他無法適應巨大的改變，突然間，他變得十分受歡迎，變得非常富有，但他發覺自己並不適應這種明星生活。

吸食毒品為減壓

早在1990年柯本就開始吸食海洛因，成名之後用量不減反增。雖然他辯解是為了緩解嚴重的胃病，然而誰都看得出來，這與他成名之後與日俱增的壓力不無關係。

無法忍受的胃痛

柯本的胃病越來越嚴重，雖然看過無數醫生，但沒有人能真正地幫助他。他認為，只有止痛劑和觀眾的熱情可以幫助他。由於嚴重的胃病，柯本一度想過自殺。

「有很多時候都是在我坐著吃飯的時候，突然一陣劇痛襲來，別人自然不會意識到，而我也早就厭煩了抱怨。在巡演時劇痛會更加頻繁，我別無選擇，只能繼續演出。每次演出之後，我都強迫自己吃一點東西，再喝點水，一會兒又彎著身子嘔吐……我曾發誓再這樣下去我就會自殺……我再也不想像這樣活下去了，這讓我精神錯亂，我在心理上已經垮了，由於我天天胃痛。」

涅槃樂隊的最後一場演出

1994年2月5日，涅槃樂隊開始了又一次的歐洲巡演。在法國演出時，柯本竟然罕見的失聲了。來到德國之後，柯本再一

次失聲。這也是柯本的涅槃樂隊在這個世界上的最後一場演出，此次巡演還有23場未完成。

自殺未遂

柯本曾經吞服了近50粒安眠藥，企圖自殺，然而經過搶救，於20個小時之後甦醒過來，三天後出院。公司試圖否認柯本企圖自殺，不過柯本曾留下一張紙條，上面寫著：「貝克醫生說，我必須在生和死之間做個選擇，我選擇死。」

曾提出與妻子雙雙自殺

1992年8月19日，就在柯本的女兒弗朗西絲出生後的第二天，他看到《名利場》雜誌上的一篇文章曝光了他與妻子在孕期吸食海洛因的事。

焦躁不安的柯本帶著一把點三八口徑的槍去了產科病房，跟妻子說想要一起自殺。為了穩定柯本的情緒，妻子謊稱要「先走一步」，於是搶過了柯本的手槍。

自殺身亡

柯本曾在復康中心戒毒，但只待了兩天便逃走了，此後音訊全無，直到一名電工在科特・柯本的住所內發現了他的屍體。當員警破門而入後，發現他是飲彈自盡的。法醫證實他是在1994年4月5日自殺身亡，在他的身旁有一封遺書。

柯本的遺書

柯本在遺書中寫道：「這是一個飽經滄桑的傻子發出的聲音，他其實更願做個柔弱而孩子氣的訴苦人……我已經好多年都不能從聽音樂、寫音樂及讀和寫中感覺到激奮了。對這些我感到有一種難以言喻的負罪感……事實上我不想欺騙你們，不想欺騙你們中的任何一人……我能想起的最大罪惡就是欺騙人們，裝模作樣……我必須麻木一點才能夠重獲我在孩提時期曾有過的熱情……我們所有人都有善意，我就是太愛人們了。愛得太多以至於讓我感到真的太他媽憂鬱，一個略微憂鬱的、敏感的、不領情的、雙魚座的耶穌式人物！你為什麼不心安理得地享受它？我不知道……我已經沒有任何激情了……與其苟延殘喘，不如從容燃燒。」

性感女神
瑪麗蓮·夢露

她是誰

　　瑪麗蓮·夢露（1926年6月1日～1962年8月5日）是美國二十世紀最著名的電影女演員之一，她是影迷心中永遠的性感女神。1999年，她被美國電影學會選為百年來最偉大的女演員第六名。

第一位花花公子女郎

　　1949年5月27日，攝影師湯姆·凱利為夢露拍攝了數張裸體照片，用於出版金色夢幻小姐月曆。夢露為此得到了50美元的酬金，而她的名字並沒有出現在月曆上。不過，後來有人以匿名信威脅夢露，說要揭露這個事實。無奈之下，夢露把這些照片賣給了雜誌出版商休·海夫納，後者便是美國著名情色雜誌《花花公子》的創辦人。

　　就這樣，夢露的裸照被登在花花公子的創刊號上。據夢露在《我的故事》中回憶，當初她這麼做完全是因為沒錢。雖然當時還沒有花花公子女郎的說法，但是夢露已經被公認為第一位花花公子女郎。

雙性戀

2012年7月23日，英國《每日郵報》爆料，夢露是雙性戀。夢露雖然先後離婚三次，但她本人承認曾和多名女性發生關係，其中包括演員瓊·克勞馥，芭芭拉·斯坦威克，瑪琳·黛德麗以及伊莉莎白·泰勒，還有她的兩位演戲指導娜塔莎和寶拉·斯特拉伯格。

多人證實

夢露的雙性戀已經被多人證實，她曾向私人心理醫生祖露心聲，並被錄音。在錄音帶中，夢露承認了自己和雙性戀瓊·克勞馥有過一段成熟的女同志關係。她說道：「我們一起進了瓊的臥室，她教給我的遠不只演技。」

伊莉莎白·泰勒在日記中這樣記載：「她觸碰我時，我能感覺到強烈的電流。我想看看這個婊子會幹些什麼，結果她全做了。」

夢露之死

1962年8月4日，瑪麗蓮·夢露死在了她位於洛杉磯的公寓裡，死因是過度服用安眠藥。從那以後，夢露之死就一直被各種陰謀論所包圍，有人猜測夢露並非自殺，而是死於甘迺迪兄弟或美國聯邦調查局之手，因為夢露知道了太多的白宮祕密！

祕密日記

據悉，FBI關於瑪麗蓮·夢露的資料有數千頁，但至今解密的文件仍然不到200頁，FBI稱夢露的相關資料涉及國家安全。

直到一些FBI解密文件被公開，人們才發現瑪麗蓮·夢露之死很可能和她記下的一本「祕密日記」有關係。

據悉，這本日記記錄了夢露和甘迺迪兄弟倆的大多數「枕邊談話」，夢露「自殺」當晚，她的這本日記也隨之神祕消失了。

口無遮攔

1962年7月13日，時任FBI局長的胡佛收到爆炸性報告：夢露曾經透露過和美國總統甘迺迪的談話，夢露問了甘迺迪許多重要問題，而甘迺迪也向「枕邊情人」一一做了回答。胡佛對此感到十分震驚，由於夢露的口無遮攔，美國總統甘迺迪的枕邊私密談話，很可能已經傳到了克林姆林宮！

除了甘迺迪總統，夢露還和他的弟弟——美國司法部長羅伯特·甘迺迪有染。她在私人日記中記下了和甘迺迪兄弟的枕邊談話，甚至還記下了甘迺迪兄弟對付古巴領導人卡斯楚的計畫！

羅伯特·甘迺迪曾經看到過夢露的日記，他被嚇壞了，要求夢露銷毀日記本，顯然，夢露沒有聽從他的要求。

斷絕來往

解密資料顯示，胡佛向甘迺迪總統發出一級警告之後，甘迺迪兄弟便不約而同地斬斷了和夢露的來往。此時，夢露也已經意識到了自己的危險。她曾絕望地打電話給自己的好友西德尼・吉拉羅夫，痛訴了她和甘迺迪兄弟的私情，並稱她知道一些「危險的祕密」。

「祕密日記」神祕失蹤

第二天淩晨，夢露被人發現死在了洛杉磯公寓中，官方稱其是自殺，巧合的是，她的那本「祕密日記」也神祕地消失了，因此才會引發人們的各種猜測。然而，洛杉磯地方檢察官辦公室否認夢露有這樣一本日記，也否認夢露之死和謀殺有關。

瑪麗蓮・夢露不愛洗澡

作家大衛・佈雷特在《克拉克・蓋博：痛苦的影星》中爆料，瑪麗蓮・夢露的個人衛生習慣十分糟糕。她甚至因此被風流倜儻的老牌好萊塢「萬人迷」克拉克・蓋博嫌棄，拍電影時都不願意碰她，唯恐讓她「占了便宜」。

佈雷特還說：「最令人驚訝的是，夢露由於不喜歡洗澡，就幾乎不洗。她還喜歡在床上吃東西，而且會將吃完東西的盤子塞在被子底下，然後鑽進被窩睡覺。」

世界上最漂亮的女人
伊莉莎白‧泰勒

她是誰

伊莉莎白‧泰勒（1932年2月27日～2011年3月23日），著名美國電影演員，好萊塢傳奇女星。年輕時因為她的美豔而贏得「玉女」的稱號。她有「好萊塢的常青樹」和「世界頭號美人」之稱。1999年，被美國電影協會選為百年來最偉大的女演員，並獲第7名。2000年被封為爵士。2011年3月23日因多年病魔纏身而去世，享年79歲。

一生結過8次婚

伊莉莎白‧泰勒一生八次結婚，也因此創下了好萊塢記錄。伊莉莎白‧泰勒的每段婚姻都成為媒體焦點，其中與李察‧波頓的兩段婚姻時間最久，兩人的第一次婚姻維持了十年，也是泰勒婚姻維持最久的一次，雖然最終仍以離婚收場，但泰勒曾經表示，自己最愛的男人仍是波頓。

歷史上首位百萬薪酬演員

1944年，12歲的伊莉莎白‧泰勒憑藉電影《玉女神駒》蜚聲影界，從此活躍影壇60餘年。憑藉出眾的演技與美豔的外表，她成為歷史上第一個薪水達到百萬美元的演員，兩次獲得

奧斯卡金像獎，一次獲奧斯卡榮譽獎。

歷經百次手術的生命鬥士

久病纏身的伊莉莎白・泰勒，自從20世紀80年代息影後，動過上百次手術，幾度入院的她曾幽默地說：「我進醫院的次數，和一般人搭計程車一樣頻繁。」

那時的伊莉莎白・泰勒很堅強，她曾自稱：「我是生命鬥士！」

絕望時刻

伊莉莎白・泰勒在78歲生日那天非常失望，因為陪在她身邊的只有長期看護她的私人助理，這讓習慣眾星捧月的玉婆倍感孤獨與失望。面對再次降臨的頑疾，她說出了「不想活了」的氣話。一知情人士也透露，「我不想說她已經絕望了，但是，她確實已被病魔折磨得不行了。如今，她的頭部已不能活動，只能依靠在肩部，那真是讓人看著心傷。她自己表示『我進醫院就再也出不來，我厭倦了病痛帶給我的痛苦，而且已經活夠了。』

巨星隕落

2010年3月，重病在身的伊莉莎白・泰勒選擇了放棄，她拒絕就醫治療，告訴親友：她已經活夠了。2011年3月23日，在醫院因充血性心臟衰竭而告別人世，享壽79年。

心理學家
逸事

探究內心世界的祕密

Chapter
03

STRATEGIST
ARTIST
PSYCHOLOGIST
FAMOUS SPORTSMEN
THE PEOPLE OF WEALTH

實驗心理學之父
威廉・馮德

● 他是誰

威廉・馮德（1832年8月16日～1920年8月31日），德國心理學家，哲學家，第一個心理學實驗室的創立者，構造主義心理學的代表人物。他被普遍公認為是實驗心理學和認知心理學的創建人。

● 白日夢

馮德在童年時代並沒有展現出傑出的一面，甚至是一個愛在課堂上做白日夢的傢伙，他總是分心，為此經常受到老師的責罰。直到在海德堡讀中學期間，他才逐漸控制住在課堂上做白日夢的習慣，不過成績依然平平。

● 不曾遠行

馮德一輩子都住在萊比錫，幾乎從不外出旅行，他不喜歡公眾活動，唯一的興趣就是聽音樂會。

● 生活規律

馮德一直過著嚴謹而規律的生活，這個特點很像哲學家康得。馮德上午的時間主要用於寫作，下午訪問實驗室、上課，

然後散步。

● 驅逐卡特爾

馮德曾經為了給學生分派研究課題，讓他們按身高站成一排。然後隨機分發課題，不允許學生們自己選題。當他的學生卡特爾要求研究反應時的個體差異時，馮德毫不猶豫地將這名弟子趕出實驗室，因為他認為心理學不應該研究個體之間的差異。

後來，卡特爾回到美國專門研究心理測量，成為心理測量學的先驅——專門測量人的差異。

精神分析學派的創始人
西格蒙德‧佛洛伊德

● 他是誰

　　西格蒙德‧佛洛伊德（1856年5月6日～1939年9月23日），猶太人，奧地利精神病醫生及精神分析學家，精神分析學派的創始人。佛洛伊德認爲被壓抑的欲望絕大部分是屬於性的，性的擾亂是精神病的根本原因。著有《性學三論》、《夢的釋義》、《圖騰與禁忌》、《日常生活的心理病理學》、《精神分析引論》、《精神分析引論新編》等。

● 掩蓋出生日期

　　據相關學者考證，佛洛伊德出生的日期應該是1856年的3月6日，而不是人們所認爲的5月6日。佛洛伊德的父母爲了掩蓋未婚先孕的事實，所以篡改了他的出生日期。

● 無人聽課

　　佛洛伊德年輕時曾在維也納大學任教，然而那時他的學生們卻並不買帳，上課時教室經常空空如也。只有一位來自瑞士的年輕人堅持聽課，即便只有他一個人，佛洛伊德也仍然像坐滿了人一樣爲他講課。那個年輕人後來成爲了精神分析學派的另一位大師，他就是卡爾‧榮格。

口腔癌

1923年春，佛洛伊德被診斷患了口腔癌，為此他接受了33次手術，非常痛苦。這與他每天抽20支雪茄的習慣有關，然而即使在癌症被發現後他也未改變這一習慣。

遭到納粹迫害

1933年，納粹執政後開始大肆迫害猶太人，他們在柏林公開燒毀佛洛伊德的著作。1938年，維也納被納粹德國佔領，佛洛伊德的女兒被捕，房屋經常遭到納粹匪徒的搶劫，無奈之下，佛洛伊德才同意去倫敦。後來，佛洛伊德的四個妹妹都在奧地利遭納粹分子殺害。

安樂死

1939年9月23日，佛洛伊德卒於倫敦。以現在的觀點來看，佛洛伊德採用了安樂死。83歲高齡的佛洛伊德被口腔癌折磨得非常痛苦，於是他和醫生達成了一項祕密協定：如果身體狀況惡化到毫無希望時，醫生要幫助他離開人世。結果，佛洛伊德在過量注射嗎啡之後安詳地去世了。

女人到底在想什麼

佛洛伊德認為女性比男性更加高深莫測，他曾對一位女性好友說道：「雖然我研究女性的心靈30年，但是到目前為止，

我從來沒有回答也不能回答的最大問題是『女性到底在想些什麼』。」

漫不經心

在佛洛伊德職業生涯的早期，他做事經常分心，甚至是漫不經心。比如一次在給病人催眠時，他就一心二用，利用這段時間給朋友寫了一封信。他自己也承認，曾經在為另一個病人做自由聯想時打了個盹。

戀父情結

佛洛伊德提出了「戀父情結」的概念，認為「女兒是父親上輩子的情人」。結果，佛洛伊德戰勝了所有情敵，他最寵愛的小女兒安娜・佛洛伊德終身未嫁，始終陪伴在父親身邊，並繼承了父親的學術衣缽。

老菸槍

佛洛伊德是出了名的老菸槍，尤其鍾愛雪茄，據說一天要抽20多支，直到最後得了口腔癌也從不改變這一習慣。然而，根據佛洛伊德的理論，愛抽菸的人都是可憐的人。因為這些人在嬰兒時期，未能充分地吸吮母親的奶，所以長大之後，為了彌補這方面的不足，就以吸菸的方式來滿足欲望。

美國心理學的奠基者之一

愛德華・布拉德福德・鐵欽納

● 他是誰

愛德華・布拉德福德・鐵欽納（1867～1927年），英國籍美國心理學家，為二十世紀初期五大心理學派中的結構學派的領導者，修正過威廉・馮德的感情三維論。

● 模仿馮德

鐵欽納跟隨馮德學習雖然只有兩年時間，但是他很喜歡模仿老師。鐵欽納總是試著模仿馮德的貴族風格、講課形式，甚至連鬍子的樣式也酷似馮德。

● 喜愛音樂

鐵欽納非常喜愛音樂，每個週末都會在家中舉行小型音樂會，並邀請有音樂天賦的學生參加。鐵欽納任職的康乃爾大學的音樂系就是在他的指導下建立的。

● 古幣收藏家

除了音樂之外，鐵欽納還喜歡收集古幣，並為此學習中文和阿拉伯語，以便解讀錢幣上的文字，他曾把一枚中國的銅錢拴在自己的錶鏈上。

反對女性進入實驗心理學領域

鐵欽納是美國心理學會的發起者之一，卻從沒有參加過一次會議。鐵欽納終其一生反對女性進入實驗心理學領域，在他組織的「實驗主義者協會」上，不允許女性參加。因為鐵欽納想要的是「在充滿菸味的、沒有婦女的房間，作可以被打斷、可以持不同意見和能被批評的口頭報告……婦女太純潔了，不能吸菸」。即使如此，鐵欽納從不像其他心理學家那樣拒絕招收女研究生。在鐵欽納所授予的56個博士學位中，有三分之一是給予女性的。

比佛洛伊德菸癮還大

佛洛伊德是個老菸槍，然而鐵欽納比他的菸癮還大，他說過：「一個男人若不會抽菸就不要指望成為心理學家。」因此，他不僅自己抽，而且還帶著學生抽，那些平時不抽菸的學生，見到鐵欽納也要點上一根，裝裝樣子。

鬍子燒著了

鐵欽納的博士生曾經回憶過這樣一件趣事，有一次她與鐵欽納討論時，突然，鐵欽納叼著的雪茄燒著了他的鬍子。學生本想提醒他，但鐵欽納的威嚴姿態和滔滔不絕的談話使人不敢打斷他。直到最後，學生才對鐵欽納說道：「對不起，鐵欽納博士，您的鬍子著火了！」鐵欽納的襯衫也被火燒壞了。

新佛洛伊德主義的代表人物
阿弗雷德・阿德勒

他是誰

阿弗雷德・阿德勒（1870～1937年），出生於奧地利維也納，曾為佛洛伊德精神分析學派的核心成員之一，後因分歧與弗氏破裂，創立個體心理學，另建立自由精神分析研究會。

關於童年的灰色回憶

阿德勒雖然出生於中產階級家庭，但富裕的生活並沒有帶給他快樂的童年。在他的記憶中，童年生活是不幸的。阿德勒的童年籠罩在對死亡的恐懼以及對自己的虛弱而感到的憤怒之中。

三歲時，睡在身旁的弟弟去世，而且幼年時還有兩次被車撞的經歷，因此，阿德勒十分畏懼死亡。

阿德勒長相既矮又醜，幼年時患軟骨病，身體活動不便。直到四歲才學會走路，由於患有佝僂病而無法進行體育活動。五歲時，又患了嚴重的肺炎，當時醫生已經感到絕望，然而，幾天後病情卻意外地好轉。

建議做個鞋匠

阿德勒進入學校以後，成績很差，以至老師覺得他明顯不

具備從事其他工作的能力，因而向他的父母建議及早培養他做個鞋匠。

然因，父親並不這樣認為，不斷地給他支持與鼓勵，最終讓阿德勒成為班上數學最好的學生。

努力克服恐懼

阿德勒雖然對死亡感到十分恐懼，但他一直試圖克服這種心理，他曾自述過一件小事：「我記得在通往學校的小路上有一座公墓。每次走過公墓我都很驚恐，每走一步都覺得心驚膽戰，然而看到別的孩子不以為意地走過公墓，自己感到十分困惑不解。我常因自己比別人膽小而苦惱。一天，我決心要克服這種怕死的恐懼，採用了一種使自己堅強起來的辦法。我在放學時故意落在別的同學後面，把書包放在公墓牆壁附近的草地上，然後多次地來回穿過公墓，直到我感到克服了恐懼為止。」

與老師決裂

阿德勒是最早脫離佛洛伊德的弟子，在他與佛洛伊德決裂之後，佛洛伊德曾這樣評價他：「我讓一個侏儒變得偉大。」由此可見，雙方成見之深。

分析心理學創始人
卡爾・古斯塔夫・榮格

他是誰

卡爾・古斯塔夫・榮格（1875年7月26日～1961年6月6日），瑞士心理學家、精神科醫生，分析心理學的創始者。

孤獨的童年

1875年7月26日榮格生於康斯坦斯湖畔一個鄉村的自由主義新教牧師的家庭，榮格的童年生活十分孤獨，他的兩個哥哥在他出生之前就夭折了。父母關係不和，經常吵架，母親的性情反覆無常。生活在這樣的家庭環境中，榮格感到十分痛苦。

獨自玩耍

榮格小時候經常獨自玩耍，他自己設計出各種模仿宗教儀式的遊戲；他喜歡一個人置身於大自然中，感受一份孤獨與寧靜。此外，榮格從小就喜歡幻想，對夢中的怪異世界感到好奇與焦慮。

改變命運

12歲的時候，一件事情改變了榮格的一生。一天，榮格被一個男孩推倒在地，腦部受到了重擊。接下來的幾個月內，似

乎有種神祕的咒語縈繞在榮格的腦中，每當讀書學習時，便會陷入昏厥的狀態。後來，榮格憑藉頑強的意志力克服了這種狀態。

榮格後來回憶起這件事時，認為他經歷了一次「精神官能症」。這件事雖然讓榮格感到羞恥，卻也激發了他的潛能，改變了他的命運。自那次事件以後，榮格變得十分勤奮，從而成就了輝煌的人生。

對基督教感到失望

榮格的父親是一位牧師，他從小受父親的影響，對宗教產生了一定的興趣。但後來他認為父親身為牧師，卻喪失自己的信仰且無力面對現實，只能講述空洞的神學教條，再加上他本人少年時期在領聖餐時心中毫無感覺，因此對基督教非常失望。榮格還夢到上帝的糞便擊碎了精美的教堂，因此逐漸背離了基督教。

產生幻覺

榮格在與佛洛伊德決裂後曾經憂鬱數年，他曾不止一次地產生幻覺。一次，他感覺到眾多鬼魂聚集在家中，其中一個幻像是一位有翅膀而又跛腳的老人菲利門，另一個幻像是一位美貌的女士。

行為主義心理學創始人
約翰·華生

● 他是誰

約翰·華生（1878年1月9日～1958年9月25日），美國心理學家，行為主義心理學的創始人，廣告大師。他認為心理學研究的對象不是意識而是行為，心理學的研究方法必須拋棄「內省法」，而代之以自然科學常用的實驗法和觀察法。華生於1915年當選為美國心理學會主席。

● 喜歡打架

華生從小就表現出極強的攻擊性，他曾坦言，在上小學時他最喜歡的課外活動就是和同學打架，「打到一個人流血為止」。

● 不錯的木匠

12歲時，華生就是一個不錯的木匠了。在他成名之後，他甚至親自動手，為自己蓋了一幢別墅。

● 醜聞

1920年，華生的妻子瑪麗·伊克斯（美國總統富蘭克林·羅斯福祕書哈樂德·伊克斯的姐姐）發現，丈夫與他的助手羅

莎麗‧蕾娜私通，於是她決定採取行動，在一次去羅莎麗家赴宴時，瑪麗從羅莎麗的臥室中偷到了華生寫給她的情書。

1920年9月，這些情書到了校長富蘭克‧古德勞的手中，當時的校規不允許教授發生這樣的性醜聞，於是華生被迫離開在約翰霍普金斯大學的教職。這件桃色新聞在當時也是轟動一時。

1921年，華生離婚，與羅莎麗‧蕾娜結婚。那時他42歲，羅莎麗21歲。

二十世紀世界百大心理學家之首

伯爾赫斯·弗雷德里克·斯金納

他是誰

伯爾赫斯·弗雷德里克·斯金納（1904～1990年），美國心理學家，新行為主義學習理論的創始人，也是新行為主義的主要代表。

冒險精神

斯金納從小就富有冒險精神，而且喜歡發明創造。15歲時，斯金納曾與幾個小夥伴駕獨木舟沿河而下，漂流300英里。他還試製過簡易滑翔機，曾把一台廢鍋爐改造成一門蒸汽炮，把馬鈴薯和蘿蔔當炮彈射到鄰居的屋頂上等。

惡整老師

斯金納在上高中時非常淘氣，而且非常善於惡搞和畫一些諷刺畫。其中有一次，斯金納和幾個同學惡整英語老師，他們製作了一張海報，聲稱卓別林將會來學校演講，而落款的主辦人則寫上了英語老師的名字。結果，很多人聞訊趕到學校，以至於當地警方不得不出面維持秩序。

專心學業

斯金納在哈佛大學就學期間，曾為自己制訂了一張極為嚴格的日程表，從早晨6點至晚上9點，都用來鑽研心理學和生理學。

斯金納謝絕一切社交活動，不看電影，也不看戲，專心於學業，他於1930年獲哈佛大學心理學碩士學位，1931年又獲心理學博士學位。

語出驚人

斯金納第一次上電視時，曾說出一句石破天驚的話：「如果在燒掉自己的孩子還是自己的書籍之間做出選擇的話，我願意先燒掉自己的孩子。」此話一經播出，各界譁然。從此之後，斯金納頻繁被各家媒體邀請，名聲大噪。

第三代心理學的開創者
亞伯拉罕‧馬斯洛

他是誰

亞伯拉罕‧馬斯洛（1908年4月1日～1970年6月8日），美國人本主義心理學家，以需求層次理論最為人熟悉。

痛苦的童年

馬斯洛的童年並不幸福，他的父母是從蘇聯移民到美國的猶太人，他在家中七個孩子中排行老大。父親經常酗酒，母親極度迷信，而且性情暴躁。馬斯洛小時曾帶兩隻小貓回家，結果被母親當面活活打死。馬斯洛從未得到過母親的關愛，因此在母親去世後拒絕參加葬禮，可見其母子關係之惡劣。

書籍是唯一的安慰

馬斯洛的童年在孤獨和痛苦中度過，由於猶太人的身份，他並不受歡迎，這一切使他成為一個害羞、敏感且神經質的孩子。為了尋求安慰，書海成了他的避難所。馬斯洛回憶童年經歷時說道：「我十分孤獨不幸，我是在圖書館的書籍中長大的，幾乎沒有任何朋友。」

愛上表妹

馬斯洛的表妹貝莎‧古德曼於1922年3月從俄國來到紐約，那時她13歲，比馬斯洛小一歲。馬斯洛被她的美貌深深吸引，由於貝莎幾乎不會講英語，馬斯洛順理成章地做起了她的英語老師。從那時起，馬斯洛幾乎每週都要去拜訪貝莎，和她聊天。在青少年時期，馬斯洛從來不和其他同齡的女孩交往，貝莎是唯一的例外。

試圖逃避

馬斯洛為了減少對貝莎的迷戀，曾經試圖逃避，他認為在感情上與表妹拉開一段距離為好。然而，貝莎對馬斯洛的吸引力越來越大，但他找不到進一步發展感情的辦法。

高峰體驗

貝莎的姐姐安娜早已看出馬斯洛與貝莎的尷尬和痛苦，是她加速並撮合了這段浪漫史。一天，安娜藉機把馬斯洛推向貝莎，一邊說：「吻她吧！吻！」馬斯洛先是大吃一驚，然後，幾乎是在安娜的脅迫下，吻了貝莎。貝莎並沒有反抗或拒絕，同樣也親吻了馬斯洛。

這次初吻經歷成為馬斯洛生命中的重要時刻，他獲得了第一次真正的「高峰體驗」。

智商高達195

同為心理學家的桑代克開創了一系列智力和學術能力的測驗，他為馬斯洛進行測試，結果顯示他的智商竟然高達195，其他測試也取得了有史以來的第二個高分。

桑代克向難以置信的向馬斯洛表示，如果他今後找不到一個永久性職位，他願意資助他一輩子。

從沒想過自己有那麼聰明

馬斯洛最初得知自己的智商水準時大為吃驚，因為他「從沒想到自己會那麼聰明」。數十年後，馬斯洛回憶起當時的情景：是桑代克使我覺得自己成了「重要人物」，從那以後，當我在學術上遭到誰的反對想打退堂鼓時，我會在半夜醒來，叫道：「老天爺，我可比他聰明！」

Micro-History Stories Of World's Famous People

世界著名
運動員
逸事

MICRO - HISTORY :
STORIES OF WORLD'S
FAMOUS PEOPLE

大牌明星的故事

Chapter
04

美國百米飛人
卡爾・路易斯

他是誰

卡爾・路易斯（1961年7月1日～　），美國田徑運動員，曾在4屆奧運會中獲得過9枚金牌，2000年被國際田聯評選為二十世紀最偉大的田徑運動員，其主要從事項目是短跑和跳遠。

素食主義者

誰能想到，曾經全世界跑得最快的人居然是一個素食主義者？受母親的影響，路易斯從小就很喜歡吃蔬菜。不過，歐美人以肉食為主，路易斯為了控制體重，經常不吃早餐，午餐也吃得很少，每天只能在晚上飽餐一頓。後來，他發現這種做法十分愚蠢。

直到路易斯遇到了兩個人，一位是喬伊・科迪奇——他在電臺推廣其果汁健康飲食理念，他告訴路易斯如果每天喝一斤鮮榨果汁可以獲得充沛的活力，增強免疫力。另一位是醫學博士約翰・麥克杜加爾。在麥克杜加爾的鼓勵下，1990年7月，路易斯開始成為一名嚴格素食者：「我吃大量的豆類，從多種素食中獲得需要的營養，而不必像其他人那樣依賴肉食。」

奇蹟發生了，「就在這一年，我的運動生涯達到了巔峰！那是我的田徑賽成績最好的一年，就是吃純素食後的第一

年。」路易斯興奮地說道。

更讓他高興的是，從此之後，他再也不用為身體發福而擔憂了，素食主義讓他可以盡情地吃而不必擔心體重問題了。

不光彩的一頁

美國百米飛人卡爾‧路易斯在他的運動生涯中總共奪取了8次世界冠軍，並有9項奧運會桂冠。從1980年到1996年，卡爾‧路易斯連續參加了5屆奧運會，並奪取了9枚奧運金牌。然而，這其中確有一些不光彩的事件。

2003年4月，卡爾‧路易斯被檢舉服用禁藥，事後他承認自己在1988年奧運會前三次尿檢均呈陽性，但都被美國奧會「網開一面」，並最終逃脫了國際田聯的調查。

事件曝光後，首先發難的是在1988年奧運會上因服用興奮劑被取消100米金牌的加拿大人班‧詹森，後者表示要起訴路易斯，以獲得公正的待遇。然而，路易斯卻大言不慚地說：「那是十多年前的事了。我已經退役5年了，現在他們討論這個問題，我覺得沒人能把這塊金牌從我手裡拿走。」

差點進入NBA

卡爾‧路易斯出生於體育世家，父親是短跑和足球運動員，母親則是跨欄和跳遠運動員。因此，路易斯具有極高的運動天賦。

他曾經參加了1984年的NBA選秀大會，並在第十輪第二順

位被芝加哥公牛隊選中，然而，他最終並沒有去公牛隊報到，而是選擇了短跑運動。

如果路易斯當年選擇籃球，說不定可以成為喬丹的左膀右臂。

質疑博爾特

2012年倫敦奧運會上，牙買加飛人博爾特在奪得100米跑冠軍後，又以19秒32的成績再度輕鬆衛冕。前美國短跑名將卡爾‧路易斯接受泰晤士報採訪時，對此表示了懷疑：「我始終沒能想通，到底是什麼促使他在一年之內將成績從10秒提高到9秒6。我想這裡面應該是有文章的。有些國家，比如牙買加，並沒有一個隨機藥檢的程式，所以，運動員可以數月避開藥檢。」

很明顯，路易斯的言下之意是博爾特服用了興奮劑。對此，博爾特回應：「不許懷疑我的偉大！」博爾特在賽後曾經做出閉嘴的手勢，他在接受採訪時說：「我已經失去了對卡爾‧路易斯的全部尊重……」

全世界跑得最快的人
尤塞恩・聖李奧・博爾特

他是誰

尤塞恩・聖李奧・博爾特（1986年8月21日～），牙買加短跑運動員，身高196釐米的世界飛人。他是男子100米、男子200米以及男子400米接力賽的世界紀錄保持者，同時也擁有以上三項賽事的奧運金牌。

毫無疑問，博爾特是當今世界跑得最快的人，他的地位不可撼動。

出生時嗓門大

1986年8月21日，博爾特出生在牙買加謝伍德康坦特鎮一個普通的家庭。出生之後，家人被眼前這個嬰兒的啼哭聲嚇到了，因為他的哭聲巨大，似乎要震碎玻璃，父親甚至認為博爾特將來能夠成為男高音。

運動天賦初顯

隨著博爾特的一點點長大，他的「運動能力」日益凸顯。一次，博爾特把父親的帽子塞滿棉花當足球踢著玩，父親看到後大怒，想要教訓一下他，沒想到根本追不上博爾特。

進入體校

牙買加是個盛產短跑冠軍的地方，很多有天賦的孩子都被送去練跑步，這也是他們脫貧致富的唯一途徑。

博爾特當時的身高已經長到180釐米，父親決定送他到體校練習短跑。然而，初入體校的博爾特經常偷懶，別人跑十圈，他只跑三四圈，只要教練不注意，他就會躲到一邊和其他人打鬧，但是由於博爾特出眾的身體條件，教練也拿他沒辦法。

一度自大

博爾特16歲那年，贏得了市裡組織的一場100米短跑冠軍。很快，他就成為了人們關注的焦點。此後，博爾特一度變得十分自大，有意疏遠周圍的人，認為和他們在一起是降低身分。

博爾特的傲慢讓他失去了一個個朋友，甚至包括以前那些運動場上的鐵哥們兒。此後，沒有人陪他一起晨跑了，也沒有人為他加油助威了，直到這時，他才感到前所未有的失落。

最後，還是父親點醒了他，告訴他應該如何做人。之後，博爾特向朋友們主動道歉，慢慢地又融入了昔日友好的群體中。

博爾特輸了？

自從博爾特成名之後，幾乎所向披靡，只要有他參賽，冠軍絕無懸念。然而，2011年在韓國大邱舉行的世界田徑錦標賽

上，博爾特竟然輸了，原因則是一次匪夷所思的搶跑。

全場觀眾都震驚了，要知道，他根本不用提前起跑，他的後程發力可以輕而易舉地戰勝所有選手。但是，他真的搶跑了，被罰下了。

搶跑之後的博爾特是那麼懊惱，他將戰袍重重地摔在跑道上，神情沮喪地走向場外。賽後，各種質疑與猜測甚囂塵上，博爾特則做出回應：「那是一個糟糕的瞬間，是我自己的失誤，沒有別的原因。我不想再回憶這些事，在這裡犯規總比在奧運會上失誤好。」

● 關於搶跑的猜想之一：被博彩公司收買？

博爾特在百米飛人大戰中的優勢明顯，這一點單從博彩公司開出的賠率便可看出。全球知名的15家博彩公司給博爾特奪冠開出的賠率大致在1：1/9到1：1/14之間，也就是說如果你下注100元台幣賭博爾特贏，如果他真的奪冠，你也就贏10塊錢左右，而賠率第二的牙買加選手佈雷克最低的賠率也高達1：7。如此之大的差距，在世錦賽的博彩歷史中絕無僅有。因此，博爾特的搶跑，會是誰想看到的呢？

● 關於搶跑的猜想之二：成全隊員

如果沒有博爾特，他的隊友佈雷克也許早就成為大紅大紫的人物。因此，有人猜想，博爾特可能是為了成全自己的小兄弟而搶跑；否則，他清楚，這輩子只要有他參賽，佈雷克很可

能永遠都拿不到冠軍了。

關於搶跑的猜想之三：趕回酒店看曼聯比賽

這也是最不可能的猜想之一，博爾特是紅魔曼聯的死忠，就在比賽當晚，正是英超曼聯主場對陣阿森納的關鍵之戰，博爾特要是奪冠之後再出席新聞發表會，必定會錯過球賽，所以選擇了搶跑退出比賽。

曼聯邀請博爾特試訓

博爾特是曼聯球迷，而且在之前的採訪中，博爾特曾表示退役後想去踢足球。很顯然，這只是一句玩笑，然而曼聯俱樂部真的向博爾特發出了邀請，希望他來隊裡試訓，而且曼聯的隊員們都十分贊成，因為他們都是博爾特的粉絲。

跟女友分手是為了備戰奧運會

《太陽報》的一位內線報出了博爾特與女友分手的消息，而原因則是為了更好地備戰奧運會。博爾特承認雙方分手是真，但是並未透露真實原因。

博爾特與白人女友的這段姐弟戀（博爾特25歲，斯洛瓦克28歲）開始於2011年，結束於2012年5月。

有驚無險的車禍

2012年6月，在離倫敦奧運會不到一個月的時候，博爾特遭

遇了一場有驚無險的車禍。周日淩晨，博爾特參加完一場聚會後開車回家，結果在高速公路上發生了車禍。

　　從警方公佈的照片來看，博爾特的寶馬車正面被撞得粉碎，他沒受重傷實屬幸運。事故發生後，博爾特回家休養，幸運的是這次事故並沒有影響到他倫敦奧運會的比賽。

澳大利亞「魚雷」
伊恩·詹姆斯·索普

他是誰

伊恩·詹姆斯·索普（1982年10月13日～），澳大利亞游泳運動員，出生於悉尼，綽號魚雷。索普曾經在48小時內3次刷新世界紀錄，總共獲得了5枚奧運金牌、3枚銀牌與1枚銅牌，是迄今為止獲得金牌數最多的澳洲人。

鯊魚泳衣

2000年悉尼奧運會，索普身穿黑色連體緊身泳裝亮相，入水後宛如碧波中前進的鯊魚，劈波斬浪，一舉奪得3枚金牌，他的鯊魚皮泳衣也從此名震泳衣界。不過，鯊魚皮泳衣造價昂貴，而且只為明星級運動員提供。在2008年北京奧運會前，很多運動員都抱怨說，為什麼只有極少數明星運動員擁有最新款的「鯊魚皮」，而他們在市場上根本買不到這樣的泳衣。

大腳怪

伊恩·索普有一雙18碼的大腳，據說足有一個橄欖球那麼長。在悉尼奧運會上，德國游泳隊教練德斯曼還對索普的大腳發表了不滿的言論，稱那是使用了人體生長激素的結果，一時間索普使用興奮劑的傳聞被炒得沸沸揚揚。為此，索普表示，

如果在奧運會之前能夠有一項確實有效的禁藥檢查制度出現，他會自告奮勇地第一個接受檢查。最終，德斯曼以道歉結束了此次事件。

●體重暴增

2008年7月，索普肥胖的身體引起了人們的關注。原來，到了美國後，索普的飲食缺乏節制，一日三餐，全都是披薩、可樂、漢堡。索普自己表示：「有一部分原因，我是爲了逃避國內的閃光燈，才躲到這裡來安心靜養的。」

世界泳壇第一人
邁克爾・弗雷德・菲爾普斯

他是誰

　　邁克爾・弗雷德・菲爾普斯（1985年6月30日～），美國著名游泳運動員，綽號巴爾的摩子彈、水怪、飛魚、水神，男子個人混合泳、蝶泳和自由泳四項世界紀錄的保持者。他在2004年的雅典奧運上獨得六枚金牌；2008年的北京奧運，菲爾普斯更是獨攬八金，成為在同一屆奧林匹克運動會中金牌獲得最多的運動員。

兒時備受嘲諷

　　菲爾普斯上學的時候，因為自己的身材和口吃曾經飽受屈辱與嘲笑，母親曾回憶道：「我兒子的成長並非一路坦途……剛開始是他的大耳朵，然後是他的長手臂，不管在哪裡菲爾普斯都不可避免地被關注。」

注意力缺陷多動症

　　菲爾普斯小時候非常好動，當時的老師甚至已經感到厭煩與無奈，對他的母親說：「你的兒子不可能做好任何事情。」不久，菲爾普斯被診斷出患了ADHD——注意力缺陷多動症。

　　菲爾普斯本該終生接受藥物治療，不過兩年之後，他就不

再服藥了。母親回憶說：「有一天，離開泳池後，菲爾普斯告訴我：『媽媽，我再也不想吃藥了，我的夥伴們都沒有吃，我能自己解決。』」

泳池英雄，陸地狗熊

在水中，菲爾普斯就像一條飛魚，無人可擋。然而，出眾的身體條件也給他帶來了不少的煩惱。身高6英尺4英寸，體重195磅，肩膀寬闊，上身修長，腿卻很短。

在泳池中遊刃有餘的菲爾普斯到了陸地上就變了另一副模樣，隊內的跑步測試他總是最後一名，而且還會莫名地踩空或者摔倒。以至於美國《體育畫報》打趣說，菲爾普斯平時走路時都會摔倒，但在泳池裡即使睡著了也照樣漂浮。

電玩愛好者

菲爾普斯喜歡打電玩，他對電子遊戲的喜愛甚至到了狂熱的程度。在沒有訓練和比賽的日子裡，菲爾普斯會花大把的時間打電玩。一次，菲爾普斯因為玩任天堂的Wii遊戲機而被教練責罵。原因是在一款高爾夫球遊戲中，菲爾普斯由於「揮杆」過度而令肩膀酸痛影響訓練，結果，被教練在一頓責罵之後沒收了遊戲機。

彌補遺憾

2008年北京奧運會上勇奪8金的菲爾普斯在返回母校密歇根

大學時，曾被問及目前還有什麼遺憾，飛魚的答案令人啼笑皆非，原來他是邁克爾·喬丹的球迷，他最大的遺憾就是迄今還沒有見過「飛人」。喬丹聽說之後便向飛魚發出了邀請，請他冬天到巴哈馬參加喬丹主辦的一個高爾夫球比賽，屆時便可圓了他的心願。

從不看關於自己的新聞

出名之後，菲爾普斯就不關注自己的新聞報導了，反而是他的教練鮑勃·鮑曼更關心媒體又說了愛徒什麼。

開著電視入睡

想必很多人都有過類似的感受，開著電視很容易就睡著了，而一旦關了電視卻又無法入睡了。菲爾普斯也喜歡開著電視入睡，也許他已習慣伴著電視聲安然入睡。

賽前刮體毛

斯坦福大學游泳教練斯基普·肯尼在測試後得出結論：游泳運動員剃光全身的體毛，在水中的速度可提高2%。因此，很多運動員都有賽前剃毛的習慣。2008年北京奧運會時，菲爾普斯在發表會上也說過：「我今晚得好好休息一下，然後再剃一下體毛。」

其實，游泳運動員賽前剃除體毛幾乎是慣例，為的是提高成績。然而，剃體毛可不是件輕鬆的事。賽前，運動員至少要

花一小時來剔除泳衣和泳帽所覆蓋不到位置上的體毛，而後背則需要請人幫忙，一不小心就會留下疤痕。

吸食大麻

2009年1月31日，英國《世界新聞報》網站頭條爆料，並公佈了一年前在北京奧運會奪得八金的菲爾普斯吸食大麻的照片。消息一出，各方譁然。報導清楚地交代了菲爾普斯吸毒照的確切時間、地點。之前，飛魚的團隊還曾和該報接洽，試圖阻止照片發出。

據報導，菲爾普斯吸毒的照片拍攝於2008年11月6日，他是在一次聚會上吸食毒品的，而照片的提供者便是宴會的參加人員。

醜聞曝光之後，來自各界的批評甚囂塵上，菲爾普斯一度萌生退意，還是在母親的鼓勵下才走出了困境。

蝶泳金牌存疑

2008年8月16日，菲爾普斯在男子100米蝶泳決賽中以50秒58的成績奪得金牌，並打破奧運會紀錄。然而，菲爾普斯僅領先第二名塞爾維亞的查維奇0.01秒，因此有人指出應該公開水中攝像記錄。不過，奧運會使用的時間測量儀器的製造商、菲爾普斯的贊助商——歐米茄公司最初卻拒絕公開水中的攝影記錄。

一釐米先生
謝爾蓋・納札羅維奇・布勃卡

他是誰

謝爾蓋・納札羅維奇・布勃卡（1963年12月4日～），綽號「鳥人」，烏克蘭撐竿跳運動員，在1991年之前代表蘇聯參加比賽。謝爾蓋・布勃卡廣泛被認為是歷史上最優秀的撐竿跳運動員及近代最出色的運動員之一，他曾經連續贏得6次國際田徑聯合會世界冠軍、1次奧運撐竿跳金牌，總共打破男子撐竿跳世界紀錄35次（17次為室外紀錄、18次為室內紀錄），他是第一位、也是唯一一位跳過6.10米高度的運動員。

每次打破紀錄，布勃卡幾乎只將成績提高一釐米，這樣就可以為其贏得不菲的獎金。因此，他也被外界稱為「一釐米先生」。

撞掉牙齒

布勃卡在一次比賽中由於過於拼命，結果臉撞到了橫杆上，撞掉了牙齒。為此，他的媽媽還曾勸他退出這行，但是布勃卡並不會因為這點小傷就輕易放棄；否則世界體壇就會少了一位傳奇人物。

一釐米策略

布勃卡在其輝煌的運動生涯中35次打破男子撐竿跳的世界紀錄。其中室外17次，室內18次，因此成為田徑史上打破世界紀錄次數最多的人。

由於布勃卡的實力無人能及，加之當時貧困的生活環境，所以他想出了「一釐米」策略，雖然違背奧林匹克精神，但卻改變了他的生活條件。對此，布勃卡從不掩飾，他說道：「因為當時我很窮，而且沒有地位。只有不斷打破紀錄才能得到蘇聯政府的榮譽和功勳，這意味著我可以不再貧困下去。」

子不承父業

布勃卡的兒子雖然繼承了父親優越的運動天賦，但卻對撐竿跳毫無興趣，他選擇了更有趣的網球運動。在網球世界裡，小布勃卡擁有屬於自己的空間，沒有父親的光環，沒有壓力，他可以自由地飛翔，更不需要與父親年輕時創造的成績做比較。他可以享受網球帶給他的快樂。

穿裙子的布勃卡
葉蓮娜・伊辛巴耶娃

她是誰

葉蓮娜・伊辛巴耶娃（1982年6月3日～），俄羅斯女子撐竿跳高運動員，自2003年破世界紀錄以來，保持著對女子撐竿跳的壟斷性統治。2005年6月22日，她成為首位越過5.00米大關的女子撐竿跳運動員。

伊辛巴耶娃在她24歲時就已成為歷史上最出色的女子撐竿跳高運動員之一，她曾十多次打破世界紀錄，擁有5項重要賽事的冠軍頭銜：奧運會，世界室內、室外錦標賽，歐洲室內、室外錦標賽。

伊辛巴耶娃的戰術跟布勃卡非常相似，也是一釐米一釐米地提高成績，因此世人將其稱為「穿裙子的布勃卡」。

俄羅斯版灰姑娘

伊辛巴耶娃出身貧寒，憑藉個人努力實現了「醜小鴨變白天鵝」的童話，以至於媒體稱其為「俄羅斯版灰姑娘」。貧苦的家庭條件，讓伊辛巴耶娃在兒時飽受嘲笑與屈辱，直到15歲那年，她贏得了全國青年冠軍，從此成為全校尊敬和仰慕的偶像。從此之後，伊辛巴耶娃一步步地走向撐竿跳女皇的寶座，開始了灰姑娘般的神奇人生。

●「我不想成為比蒙」

美國跳遠運動員鮑勃‧比蒙曾在1968年的墨西哥奧運會上以驚世駭俗的8.90米將世界紀錄大幅提高了55釐米，以至於人們認為這個成績不屬於那個世紀。結果，比蒙的這一紀錄保持了23年，直到1991年才被鮑威爾以8.95米打破。

然而，比蒙在驚人一跳之後，就漸漸淡出了人們的視野。「我不想成為比蒙，他只給人們留下一次深刻的印象，人們很快就忘記了他，是因為他不能再次打破紀錄，而我想長期地被人們記住。一釐米一釐米地打破世界紀錄是最好的方式，我總在人們的關注中。我很喜歡報紙，電視上總會有我的報導。」伊娃如是說。

●每次只破一釐米

伊辛巴耶娃23次刷新了世界紀錄，一旦有機會，她就會要求把橫杆抬高一釐米。因此，她被稱為「穿裙子的布勃卡」。對此，伊辛巴耶娃說：「我要打破烏克蘭選手布勃卡的紀錄，我的目標是打破世界紀錄36次。」

當然，這其中金錢的因素也很重要，伊辛巴耶娃每破一次紀錄，國際田聯都將獎勵她5萬美元的獎金，這也是伊辛巴耶娃樂此不疲的原因之一。她說：「為了買高級汽車和遊艇，我要一點點地增加世界紀錄的高度。」

精神勝利法

伊辛巴耶娃的食量很小，她的節食似乎有些殘酷。早晨一杯咖啡，中午吃點米飯，晚上吃一小塊肉。尤其到了比賽的時候，伊辛巴耶娃更是餓著肚子，原因是這樣會讓她想起當年貧苦的日子，激發鬥志。「我在比賽時喜歡空著肚子。雖然饑腸轆轆，但忍饑挨餓的痛苦反而令我想戰勝一切。」

伊辛巴耶娃的這種精神勝利法是她成功的祕訣。

退役後想當模特兒

伊辛巴耶娃對自己的身材與美貌相當自信，和許多女孩子一樣，她也有著上台夢想。身高1米74的伊辛巴耶娃直言退役後想成為一名模特兒，對此，她十分自信：「女撐竿跳運動員就像是專為男性電視迷準備的。」

時尚達人

和大多數女人一樣，伊辛巴耶娃也是一個時尚達人，她喜歡購物，喜歡各式各樣的時尚品，尤其是小飾品，她對這些閃閃發光的小東西愛不釋手。此外，她對美容和減肥也頗有心得。然而，雖然身為時尚達人，但伊辛巴耶娃卻不喜歡妖豔的打扮，同時也不喜歡頻繁參加各種名流的時尚派對，也許是擔心影響自己的運動成績吧！

感情生活

貌美如花的伊辛巴耶娃走到哪裡都是媒體關注的焦點，她的感情生活自然是很多人關注的話題。然而，伊辛巴耶娃總是相當謹慎。有一段時間，伊辛巴耶娃在世界賽場上頗為不順，因此外界傳言是感情出現了危機。

第一段情史

伊辛巴耶娃早在剛成名時，與同隊訓練的伊戈爾有過一段短暫的感情史。據俄羅斯媒體透露：「當時兩人都在伏爾加格勒，師從俄羅斯功勳教練葉甫蓋尼·特羅費莫夫，當時這對戀人甚至打算結婚，據說後來伊戈爾無法忍受戀人獲得的巨大成就給自己帶來的心理壓力，兩人最終選擇了分手。」

第二段情史

2008年的國際田聯黃金聯賽上海站，伊辛巴耶娃就與其小男友阿爾傑姆一同到場，並且在新聞發佈會上大方地公佈兩人的情侶關係。

在北京奧運會奪冠後，伊辛巴耶娃更是動情地大聲喊道：「阿爾傑姆，我是如此深愛著你。」

2009年夏天，有消息稱伊辛巴耶娃已經和阿爾傑姆結婚了，但遭到了伊娃本人的闢謠。同時，也有傳言說伊辛巴耶娃已經很久沒有與阿爾傑姆見面了。事實究竟是怎樣的，無從知

曉。

文藝青年

很少有人知道，時尚達人伊辛巴耶娃還是一個文藝青年。她喜歡讀書，尤其熱愛普希金的詩歌。柏林世錦賽失利後，她在房間裡抄了一首普希金的詩歌，藉以勵志。

從電車到寶馬

在雅典奧運會之前，伊辛巴耶娃每天乘電車去訓練。奧運會之後，伊辛巴耶娃的收入成倍增長，於是終於買下了鍾情已久的寶馬轎車，從此人們再也沒有在電車上見過這位撐竿跳女皇了。

老虎伍茲
艾德瑞克・泰格・伍茲

他是誰

艾德瑞克・泰格・伍茲（1975年12月30日～），美國高爾夫球手，當前世界排名首位，並被公認為史上最成功的高爾夫球手之一。因為在英文中他的綽號「Tiger」的意思是「虎」，所以在中文中稱其為老虎伍茲。

兒時的慈善夢

伍茲在四歲的時候，和父親一起觀看了埃塞俄比亞饑荒的記錄片。從那時起，他就希望能夠幫助那些受苦的孩子們。他跑進了臥室，拿出了自己收藏的金幣：「爸爸，你看這些金幣能幫助那些孩子嗎？」

父親十分感動，他接過了金幣，並收藏起來。後來，他把這些金幣換成等值的現鈔，託付給一位在埃塞俄比亞當醫生的朋友。

成名之後，伍茲沒有忘記兒時的慈善夢，他成立了泰格・伍茲基金會，為慈善事業盡一份微薄之力。

語言混亂導致口吃

上小學的泰格・伍茲有口吃的毛病，一開始包括醫生在

內，誰都找不出原因，後來才發現，原來媽媽庫提達對他說泰語，爸爸厄爾對他說英語。由於對語言的混亂，才導致了他的口吃。從此之後，母親再也不跟伍茲講泰語了，讓伍茲只講英語，口吃的毛病才漸漸糾正過來。

10億美元的誓言

1997年，伍茲剛出道時曾經許下賺10億美金的誓言，2009年，他實現了諾言，成為體育史上開天闢地第一人，在全球運動員收入排行榜中位列首位。

14個大滿貫賽冠軍，9次榮膺獎金王，曾獲9個年度最佳球員頭銜。出色的成績，意味著巨大的財富收入。自從2002年取代舒馬赫以來，伍茲已經連續8年成為收入最高的運動員。

奢華生活

少年得志的泰格‧伍茲過著常人難以想像的奢華生活，當年，他在加勒比海上的巴巴多斯島迎娶妻子愛琳，花費達到1000萬美金：包下五星級的Sandylane酒店一周，花費150萬美元；用作新婚洞房的總統套房每晚3.2萬美金；為了防止狗仔隊的煩擾，伍茲還包下了島上唯一一個飛機場，此項費用超過200萬美元；為了蜜月旅行，伍茲定購了一艘長155英尺的三層豪華遊輪，造價為320萬英鎊。

此外，伍茲還擁有私人飛機，以及5000萬美元的豪宅。

與親人關係冷淡

泰格・伍茲與他的那幾位同父異母的兄妹關係比較冷淡，但沒人知道具體原因。哥哥小厄爾・伍茲聲稱泰格幾乎與家人切斷了聯繫，他只是在參加父親葬禮時見過泰格一面。

伍茲的哥哥小厄爾・伍茲之所以想要和泰格重新建立聯繫，是因為他們的哥哥凱文患了多發性硬化症。

泰格・伍茲對家人的冷落讓他備受質疑，不過泰格並非忘恩負義之人，他的泰格・伍茲基金會幫助了世界上成千上萬的年輕人。顯然，他和兄弟姐妹之間的關係很微妙。

車禍與偷腥

2009年11月28日，泰格・伍茲的駕車衝出了高速公路路面，撞上了一棵大樹和一個消防龍頭。就在車禍前幾天，伍茲正因為偷腥事件飽受媒體的狂轟濫炸。從此，老虎伍茲的一堆情婦被媒體曝光，他的緋聞也成為當時的轟動事件。

性上癮與眾多情婦

根據美國媒體報導，老虎伍茲確實患有「性愛成癮」或「性癮」。醫療專家指出，這種病並非罕見的疾病，有著複雜的成因，伍茲的「偷腥」似乎有了醫學上的解釋，這也不難解釋為什麼伍茲擁有十幾位情婦了。看來，他也是身不由己。

正式離婚

　　美國當地時間2010年8月23日，泰格·伍茲與愛琳·諾德格林離婚的消息正式公佈，雙方維繫了近6年的婚姻關係就此正式結束。有消息稱，伍茲支付給愛琳的離婚補償有可能高達7.5億美元，但隨後又有報導稱1億美元的補償金較為真實。

一代車王
邁克爾·舒馬赫

他是誰

邁克爾·舒馬赫（1969年1月3日～），德國一級方程式賽車車手。舒馬赫是現代最優秀的F1車手之一，在他16年的職業生涯中，幾乎刷新了每一項紀錄。總共贏得7次總冠軍。

投資失敗

2008年8月，舒馬赫斥資750萬美元，在杜拜建了一座高29層的商住兩用辦公大樓，並用自己的名字命名。投資初期，這座辦公大樓三天就賣光了。然而，在杜拜遭受金融危機之後，舒馬赫的這處房產市值縮水6成，此次投資以失敗告終。

瘋狂的計程車

2007年12月，舒馬赫一家人在商場購物，由於孩子的原因而耽誤了去機場的時間，在搭計程車去機場時，舒馬赫感覺時間緊迫，於是請求司機讓自己來開車，結果舒馬赫當起了司機，一路狂飆開往機場。據說，到達機場之後，司機下車就吐了，不過，他認為這是生命中一次美妙的旅行，畢竟，世界冠軍曾載著自己一路狂飆。

熱衷足球

舒馬赫是一名球迷，在各種慈善比賽中都有他的身影。早在退役之前他就收購了瑞士的乙級隊FC埃希新斯二隊，退役之後他長時間與該隊一起訓練比賽，此後他還加盟一支球隊參加德國丙級聯賽。不過，與開車技術相比，舒馬赫的球技實在不敢恭維。

超速被抓

也許是習慣了賽場上風馳電掣般的感覺，生活中的舒馬赫實在不適應慢慢開車。《米蘭體育報》透露，車王曾駕駛一輛奧迪敞篷車，在每小時限速100公里的路段將汽車開到了每小時140公里。結果，被公路員警抓到，罰款75歐元，扣三分。索性，舒馬赫認錯態度良好：「我真的非常遺憾，這樣做不是我的性格，超速只有在賽道上才是允許的。」

獲獎後不喝香檳

F1比賽頒獎時，運動員都會以香檳來慶祝，然而舒馬赫從不在領獎臺上喝香檳，因為他對香檳不感興趣，而且賽後如果喝香檳，他會感到有一點兒醉。

不用鬧鐘

舒馬赫的家裡沒有鬧鐘，總是由孩子喊醒他，而在比賽之

前，舒馬赫習慣睡上一個小時，他的私人理療師負責叫醒他。

三部電話

據說，舒馬赫平時用三部行動電話，一個是普通用途，一個專門與親人朋友聯繫，還有一個是用來接收電子郵件的。

性情中人

舒馬赫是一位性情中人，因為他在看電視時經常會流淚，尤其是在看悲劇影片時，他說：「科林娜和我有時會互相遞紙巾。」

網壇美女
瑪麗亞．莎拉波娃

她是誰

　　瑪麗亞．莎拉波娃（1987年4月19日～），俄羅斯女子網球選手，第16位登上WTA單打排名第一的選手，曾贏得四項大滿貫冠軍。莎拉波娃曾被美國《體育畫報》選為2006年最美麗運動員，由於亮麗的外表，她成為網壇的風景線與媒體追逐的焦點。她曾連續八年成為全球收入最高的女性運動員。

4小時剃毛，無意間捧紅電動剃刀

　　來自西伯利亞的莎拉波娃擁有高加索人的典型特徵：濃濃的體毛。所以，每次賽前，她都會花很長的時間剃毛。她曾說：「我比賽前一定要做的事情是全身去毛，如果我哪天沒有花4個小時全身去毛，球迷們一定會被嚇壞的，他們會以為我身上也長了頭髮。」

　　莎拉波娃還曾經無意間為一款名為Oster的電動剃刀做了廣告，她說：「我試過好多品牌，比如Gillett、Shick的電動剃刀，總不是很滿意，最後還是覺得Oster Shearmaster好用。雖然它有些古老，但那直體設計非常實用。我會在身上塗滿厚厚的肥皂泡沫，然後就輪到它工作了，無論是腿部上下，有肌肉的胳膊，還是皮膚的一些凹處，它都能很好地完成任務，貼身舒

適。」

　　莎拉波娃雖然沒有成爲這款剃鬚刀的代言人，卻在美國掀起了一股搶購該品牌電動剃刀的風潮。

吼聲震天

　　莎拉波娃在賽場上的吼叫聲是其代表之一，同時也成了一道風景。然而，國際網聯聯合會很可能頒新政策禁止吼叫，因爲大聲叫喊會影響對手。

　　據說，莎拉波娃吼叫聲最高達到了105分貝，這種強度完全可以與警笛相比。因此，每當莎拉波娃比賽，媒體就會建議觀眾自備耳塞，有人甚至戲稱莎娃爲「尖叫姐」。

美腿成為廣告熱點

　　在女子網壇，莎拉波娃的性感無人能及，小威廉姆斯就曾經感歎道：「莎拉波娃太性感了。」而廣告商也看中了這一點，尤其是她的兩條修長的美腿，一則廣告詞這樣寫道：「每當莎拉波娃繫鞋帶時，她的美腿就更顯得美妙了。你離她越近，就越被她的美腿所吸引。」

莎娃的瘋狂球迷

　　莎拉波娃的魅力到底有多大，看看這些瘋狂的球迷就知道了。曾經有一位18歲的俄羅斯男球迷跳進了比賽場地，他想與莎拉波娃約會，並邀請她共進晚餐，不過很快便被安保人員帶

走。不僅是球迷，還有一位紐西蘭記者也是莎拉波娃的粉絲，他曾經跟蹤莎拉波娃，最終被澳網組委會遣返回國。

此外，很多球迷為了一睹莎拉波娃的芳容，都會在其所到之處聚集，索要簽名、合影，為的就是與偶像見面。

●莎拉波娃與武賈西奇的「籃網之戀」

誰會如此幸運，成為網壇美女的男友呢？答案是洛杉磯湖人隊的球星武賈西奇。這位來自斯洛文尼亞的NBA洛杉磯湖人隊替補得分後衛十分幸運，因為他的女朋友是大名鼎鼎的網壇美女莎拉波娃，也不知道武賈西奇的心理素質怎樣，會不會感到有壓力呢？

拳壇野獸
邁克・泰森

他是誰

邁克・泰森（1966年6月30日～），生於美國紐約市，被認為是世界上最好的重量級拳擊手之一。在其全盛時期，以毀滅性的風格多次擊敗了著名的對手，一度是最具威脅性的拳擊手之一。但其事業前途卻因個人問題、缺乏訓練和兩次收押而中斷。泰森曾一度復出，但鮮有勝績，2005年6月11日泰森與學徒拳擊手凱文・麥克布萊德打了最後一場比賽，但亦以失敗收場，因此決定永遠從拳壇退休。

不成拳王，就成罪犯

泰森出生在紐約混亂貧困的布魯克林區，他的生活環境十分糟糕，他曾說過：「當有人被殺時，正常的邏輯是報警，但在那裡，第一反應是復仇。」

泰森的父母離異，無人照管的他由於身體弱小，在學校經常被欺負。泰森回憶說：「我能活過青春期簡直是個奇蹟。」正是在這樣的環境下，泰森學會了用拳頭說話，他開始參與打架鬥毆、偷搶扒拿。因此，人們不禁感歎，如果泰森不當拳王，一定是罪犯。

為鴿子復仇，拳擊天賦突顯

泰森小時候經常被人欺負，有一次，一個比他大點的孩子弄死了他心愛的鴿子，沒想到平時膽小怕事的泰森徹底爆發了，據說這是他生平第一次打架，結果他的拳擊天賦由此盡顯無疑。

鍾情鴿子

泰森在成名之後，並沒有放棄對鴿子的喜愛，當時在他的家中養了3000餘隻鴿子。然而，泰森當時所住的鳳凰城頒下新規，每家最多養40隻鴿子。為了心愛的鴿子，泰森只得選擇搬家。泰森說過：「和拳擊相比，養鴿子也一樣辛苦，我經常要跑到幾百公里外去放飛鴿子，但我更享受回到家裡等待鴿子歸來的那種心情，那種感覺是在拳擊裡找不到的。」

泰森的老虎

把老虎當寵物，如此瘋狂的事有幾個人能做出來呢？泰森曾在自己的住所養過五隻老虎，其中兩隻是白色的雌性孟加拉虎。為了自己的寵物，泰森當時一直在積極爭取馴養老虎的許可證，然而這些老虎最終還是被放歸自然保護區。

寵物也發飆

有一次，泰森最喜歡的白虎「肯亞」發飆了，把他的老闆

嚇得冷汗直流。那天，肯亞不知什麼原因大發雷霆，將泰森撲翻在地，並用肥厚的肉掌踩著泰森的腦袋。據說，被自己的寵物按倒在地的泰森不停地撫摩肯亞，持續了4個小時之久，才得以「虎口脫險」。

強姦罪名成立

泰森被指控在1992年1月27日強姦了一位1991年美國黑人小姐大賽的選手。同年2月10日，泰森被判強姦罪名成立，入獄三年。從此之後，泰森再也沒有參賽，直到1995年才宣佈復出。

獄中改信伊斯蘭教

泰森最初信奉基督教，不過在他入獄後感覺前途渺茫，心理恐慌之際接觸了伊斯蘭教，據說還是拳王阿里托人帶給他的書，讓泰森迷上了伊斯蘭教。不過，泰森婉拒了阿里探監的要求，因為他覺得在這個地方是對老拳王的不敬。直到出獄之後，泰森到某清真寺與阿里見面，此後正式皈依穆斯林。

2010年7月28日，泰森還前往位於沙烏地阿拉伯西邊的穆斯林聖地麥加，參加一年一度的朝聖活動。

世紀之咬

1997年6月28日，泰森在復出之後向WBA冠軍霍利菲爾德發出挑戰，在比賽中，泰森因不滿對方屢次摟抱和撞頭，兩次怒咬對手的耳朵，結果被美國內華達州運動委員會吊銷了拳賽執

照並罰款300萬美元。這一戰，也成爲了舉世聞名的世紀之咬。

與球迷打架

36歲的泰森已經完全沒有了往日的威猛，在拳擊場上毫無作爲的他，賽場之外的負面新聞卻層出不窮。一次，他因爲拳迷向其索取簽名未果而與對方大打出手。

事情發生的經過如下：兩名喝醉酒的拳迷向泰森索取簽名，泰森對此置之不理，對方尾隨著泰森乘坐電梯到了大堂。他們不斷地騷擾泰森，並口出髒話。雙方口角升級之後大打出手，泰森以一敵二，雖然賽場失意，但對付這兩個人顯然綽綽有餘，很快將兩人打倒在地。

申請破產

2003年8月，前拳王泰森向美國破產法庭請求破產保護。泰森的律師格拉斯格林稱，揮霍無度和經紀人的無恥欺騙，是導致泰森陷入破產的主要原因。他說：「作爲一名職業拳手，泰森過去過於依賴別人管理個人財產，直到最近，他才發現自己的帳面上已是資不抵債。」據說，泰森的經紀人唐·金從他那裡騙取了1億美元的資產。爲此，泰森將他告上了法庭，後者敗訴，補償泰森大約1400萬美元。

揮霍無度

拳王泰森揮霍成性，成名之後的20多年，他將自己賺得的4

億美元揮霍一空，據說泰森每月就要花40萬美元。

1988年，泰森因為一次交通事故扔掉了自己的銀色本特利敞篷車。他對員警說：「自從買了這輛車，我就災禍不斷。你們把它弄走吧！」

1995年到1997年，泰森僅購買呼叫器和手機就花了23萬美元，舉辦一次生日晚會的費用平均為41萬美元，送給親朋好友的禮物超過300萬美元。

先前養的兩隻孟加拉白虎，每隻的購價是7萬美元，為此配備的馴獸師每年領取12.5萬美元的工資。此外，泰森至少在四個州擁有住宅和房產，總價值超過1500萬美元，僅僅園藝費用就超過10萬美元。

泰森曾要求範思哲專賣店為他停業一天，以便他和朋友能隨心所欲地在裡面購物——他們購買了25萬美元的衣飾。

2000年前往英國時，泰森突發奇想，準備購買一輛一級方程式賽車。當得知不允許開這種車時，他才心有不甘地買了一塊售價100萬英鎊的手錶來安撫自己。

拍賣轎車

泰森破產之後，日子並不好過，以至於要靠拍賣座駕維持生計，其中一輛是賓利Continental SC，或稱Sedanca Coupe。這輛1999年款的SC全球只有73輛，三噸重的車子從0加速到100km/h不到6秒，另外可拆卸的玻璃車頂能讓人充分體驗到和大自然接觸的舒暢。當年，泰森以50萬美元購買而來，如今只能賣到13.5萬

英鎊了。

有意出演情色電影

早在2005年，外媒就報出泰森為了還債準備涉足色情行業的消息，泰森說：「那些真人秀節目來的錢太少，我需要儘快地有更多錢放在我的眼前。」

英國的一本著名雜誌還引用泰森的話說：「我剛剛和一位叫吉米的先生談過，他是珍娜·詹姆森方面的人。他們想邀請我進入色情電影界。我很感興趣，因為我現在很需要錢。」

人肉模特兒

2006年9月，為了謀生，泰森在拉斯維加斯的一家賭場內當起了人肉模特兒，來往的遊客只需花費20美元就可以和前拳王拍照或者簡單比試一下。

跑龍套

為了賺錢，泰森在很多影片中出任過龍套角色。在電影《泰森》的首映式結束之後，記者曾採訪他，泰森平靜地說：「我永遠地放棄拳擊了。」記者問他：「你現在還有什麼計畫嗎？」泰森回答說：「我沒有任何野心了，只想做個有尊嚴的人。我必須得有一點點錢來確保家人的生活。」

籃板王
丹尼斯·羅德曼

他是誰

丹尼斯·羅德曼（1961年5月13日～），前美國NBA籃球運動員，以擅長抓籃板球及出色的防守著稱，有「籃板王」的美譽。在球場內外，羅德曼的各種具爭議性舉動同樣令他備受矚目。

怨恨父親

羅德曼的父親參加過越戰，是一名空軍飛行員。在羅德曼3歲的時候，父親拋棄了家庭，在隨後的日子裡與4個不同的女人陸續生育了27個孩子。羅德曼在1997年出版的自傳《Bad As I Wanna Be》（我行我素）中表達了對父親的怨恨：「我有三十多年沒見過我的父親，因此沒有什麼好思念的⋯⋯我一直這樣看待這件事：某個男人將我帶到這個世上，僅此而已，這並不意味著我有父親。」

身高暴增，當過保全

羅德曼高中畢業之後整天無所事事，當時他的身高只有175cm，然而兩年後便暴長到203cm。憑藉高大的身材，羅德曼找到了一份保全的工作，但因為行為不檢而進了拘留所。

母親很著急，勸他上學念書，羅德曼也不願意如此廝混一生，於是憑藉203cm的身高進入了奧克拉荷馬大學的球隊。

劣跡斑斑

羅德曼在進入NBA之前劣跡斑斑，在長長的刑事犯罪登記表上羅列著各種罪名：涉嫌強暴婦女、人身傷害、蓄意將皰疹傳染給一名舞女、將一張100美元的鈔票塞進一位女子的乳溝、超速駕駛一艘名叫「性感巧克力」的遊艇等。

性格內向，行為古怪

也許是由於童年時的不快經歷，羅德曼的性格內向靦腆。1993年，他甚至企圖自殺。但是，成名之後，羅德曼卻像變了一個人，古怪的行為令人咋舌。五顏六色且變化多端的髮型，在身上多處位置穿孔紋身，場上衝突不斷，身穿白色婚紗為自傳做宣傳等。直到與著名女歌星瑪丹娜的戀情曝光之後，他的知名度開始暴增。

短暫的婚姻

豔星卡門是羅德曼的第二任妻子，1998年的11月，兩人在拉斯維加斯結婚，然而這場婚姻僅僅維持了七天，羅德曼就鬧著要和卡門解除婚姻關係。給出的原因是他當時喝多了，結婚只是一時衝動。

瑪丹娜是最讓人失望的女朋友

羅德曼曾經對媒體表示：「雖然瑪丹娜在很多人眼裡都是完美的女人，但是實際上，她卻是個沒有頭腦的傢伙。有很多的事情她都不知道，有的時候，當我跟她說起一些事情時，我才發現我們之間很難產生共鳴，因為有很多的事情她都沒有聽說過。」

羅德曼的悍馬車

羅德曼的悍馬車可謂五彩繽紛，他將自己的卡通圖案噴在汽車上，甚至還把前妻卡門以及另外一個情人的裸體卡通造型噴在車身上。

生日派對和球衣退役儀式

2011年5月13日，丹尼斯‧羅德曼將為50歲生日慶祝，而地點竟然選擇在紐約一家脫衣舞夜總會。同時，羅德曼的球衣退役儀式也將在此舉行。

羅德曼說，自己人生兩大愛好就是籃球和女人。羅德曼的經紀人查理斯‧謝尼這樣說道：「你還期望丹尼斯可以去哪裡慶祝他的50歲生日呢？」

大鯊魚
沙奎爾·奧尼爾

他是誰

沙奎爾·奧尼爾（1972年3月6日～），美國職業籃球運動員，司職中鋒，NBA實力最強中鋒之一，NBA50大巨星之一，綽號「大鯊魚」。奧尼爾性格開朗，風趣幽默，是NBA的一大活寶。

砍鯊戰術

由於奧尼爾在內線威力無比，為了阻止他得分，當年小牛隊的主教練老尼爾森發明了砍鯊戰術。由於奧尼爾的罰球技術很糟糕，所以每當奧尼爾在籃下要到球之後，對手就會故意犯規。糟糕的罰球命中率是奧尼爾的「死穴」。

以一敵七

奧尼爾小時候經常與人打架，憑藉出色的身體素質很少吃虧。據他自己回憶，上中學時曾組建過一個小型社團，與其他不良少年團體打架，其中最值得驕傲的一戰，他以一敵七，全身而退。

購買假「大哥大」拉風

奧尼爾在路易斯安那州上大三時，手機還沒有很普遍，奧尼爾爲了吸引女孩子的注意，就花錢買了個假「大哥大」，電話上面有一個按鈕，只要一按，電話鈴聲就會響起，這時，奧尼爾總是故意從女生面前走過，拉風地接著電話，侃侃而談。

大肆購物

奧尼爾在19歲時和銳步公司簽了一份價值200萬美元的合約，而且還和魔術隊簽了4100萬美元的合約。於是，奧尼爾興奮地帶著母親去購物，結帳時經理說可以分期付款，而奧尼爾則對母親說：「媽媽，分期付款的日子已經結束了，我保證，你一定不會再過那種日子。我這就寫一張6萬元的支票。」

據說，奧尼爾在三天內總共花了100萬美元。

唱片銷量不俗

奧尼爾不僅籃球玩得好，玩音樂也是一把好手。他先後推出過六張專輯，銷量都達到數十萬張。不過，資深樂評人也表示，奧尼爾的唱片銷量完全是由於他的名氣，如果唱片沒有奧尼爾的名字，這些專輯根本無法出現在美國任何一家唱片店裡。

玩票好萊塢

奧尼爾第一次出現在電影裡，是1994年隊友哈達威主演的籃球題材《藍色籌碼》。從此，奧尼爾對演電影產生了濃厚的興趣。兩年後，奧尼爾不但在影片《Kazaam》中出演角色，還擔任執行導演。

此外，他還擔任過製片人、編劇等角色，客串過不下十部電影。其中，他在《驚聲尖叫4》中的搞笑表演更是給觀眾留下深刻印象。

員警夢想

奧尼爾從小就希望成為一名員警，直到2005年，他終於圓了兒時的夢想，被邁阿密拜德弗德郡警方聘為替補警員，並獲得上街執勤的機會。

奧尼爾當員警並不是作秀，而是真的外出執行任務，他曾在巡邏時抓獲過兩名夜不歸宿、在街道上尋釁滋事的「混混」。此外，奧尼爾還抓到過一名涉嫌強姦的疑犯。

奧尼爾無論轉會到哪家俱樂部，都會向當地警局申請，一有機會就想成為編外警員。

博士學位

奧尼爾是NBA為數不多的擁有博士學位的球員，在退役之後不久，他來到邁阿密巴里大學深造。

在這裡，他的專業是組織學習與領導學，主修方向為人力資源發展。

在四年半的時間裡，奧尼爾在巴里大學一共選修了16門課程，平均績點達到了3.813，這是接近4分滿分的好成績。

奧尼爾說，如今的成績都應歸功於母親重視教育的結果。

想學彈鋼琴

2009年2月，在NBA全明星賽之前，奧尼爾接受《男性週刊》的採訪，在被問到最希望掌握一項什麼技能時，奧尼爾回答說：「彈鋼琴。我真的沒有上過一堂鋼琴課，不過我買了很多（教人彈鋼琴的）書。我的問題在於我的手指不夠靈活——比如我想用中指彈某個鋼琴鍵，但事實上我五根手指一塊兒都按下去了……」

闖白宮欲見歐巴馬

2011年7月，善於搞怪的奧尼爾又想出一個瘋狂的點子，他身穿一件白色無袖背心，想要進入白宮見歐巴馬。然而，這一搞怪的舉動並沒有成功，他被安全人員攔了下來。

奧尼爾在其個人Twitter上透露，他曾經3次嘗試著要見歐巴馬，但是一次都沒有成功。

求婚貝蒂‧懷特，換來一記耳光

2011年8月，繼驅車闖白宮之後，奧尼爾的搞怪行動並未停

止。他竟然向好萊塢傳奇影星，89歲的貝蒂‧懷特求婚。拿老人家尋開心的結果是，奧尼爾得到了一記重重的耳光。

奧尼爾是懷特的粉絲之一，這次有機會與偶像坐在一起，奧尼爾難掩興奮之情。突然，奧尼爾向懷特深情告白：「嫁給我好嗎？」並抓起懷特的手，吻了一下。

誰料，懷特一邊回答「No」，一邊迅速抽回手臂，並且一巴掌賞在奧尼爾的臉上！奧尼爾一臉迷茫，而懷特則說道：「我已經太老了，不適合你……」

足球上帝
迭戈·阿曼多·馬拉多納

他是誰

迭戈·阿曼多·馬拉多納（1960年10月30日～），前阿根廷足球運動員，被認為是足球史上最優秀和最具爭議的球員。在球王貝利之後，馬拉多納是唯一一位可以與其比肩的球員，關於兩人誰是世界球王的爭論從未停止。

報復引發群毆

1984年的國王杯決賽上，畢爾巴鄂競技1比0小勝巴薩，比賽接近尾聲，馬拉多納因為對手惡意犯規而報復對方球員，結果引起大規模群毆。馬拉多納此舉還要追溯到一年前，當時畢爾巴鄂的戈伊科切亞鏟斷了他的腿，戈伊科切亞為此付出了禁賽18場的代價，而馬拉多納則休養了很長一段時間。此次報復行為，可謂新賬舊賬一起算。

被警車攔下

1985年8月1日，馬拉多納駕駛一輛賓士轎車，從家裡開往那不勒斯俱樂部。不料途中卻被警車攔下，兩名荷槍實彈的員警命他高舉雙手，面向汽車，身體靠在汽車上接受檢查。原來，員警正在追捕一輛駕駛賓士轎車潛逃的小偷。

虛驚一場之後，兩名員警認出了大名鼎鼎的馬拉多納，他們抓住千載難逢的機會簽名留念，弄得馬拉多納哭笑不得。

● 上帝之手

1986年第十三屆世界盃在墨西哥舉行，這屆世界盃是屬於馬拉多納的，他憑藉超凡的表現率領阿根廷隊第二次獲得世界盃冠軍。

在四強爭奪戰中，阿根廷隊與英格蘭隊狹路相逢，兩隊的較量由於馬島海戰的原因而備受世人關注，戰場失意的阿根廷人急於在足球場上找回尊嚴。

就在下半場第51分鐘時，發生了令人震驚的一幕，馬拉多納在與對方門將希爾頓的爭搶中用手打進了一球，而動作之隱蔽讓當值主裁判絲毫沒有察覺，儘管英格蘭後衛看清了這一切，但他們的申訴無果，進球被叛有效。這就是歷史上最著名的「上帝之手」。

最終，阿根廷以2比1戰勝英格蘭。值得一提的是，馬拉多納第二個進球連過五人，被國際足聯評選為「世紀進球」。

● 接受黑手黨邀請

1986年1月，義大利祕密會黨卡默拉黨信使向馬拉多納發出邀請，表示該黨希望認識他。不久，馬拉多納便出現在該黨的聚會上。當時，卡默拉黨控制著義大利南部的毒品、香菸走私和整個妓女行業。對此，馬拉多納表示：「我不知道這些人做

了什麼，我只是接受了邀請而已。」

吸毒入獄

1991年4月，馬拉多納的尿液裡被查出了可卡因成分，被義大利足協處以停賽15個月的懲罰。此後，他因爲吸食和販賣毒品被判入獄14個月，緩刑。此後，馬拉多納一直和毒品糾纏不清，2004年4月，他還在布宜諾賽勒斯的瑞士醫院裡接受病危搶救。

槍擊記者

1994年2月1日，馬拉多納因用氣槍射擊在其家門口糾纏著不走的記者，而被判入獄2年零10個月，緩刑，並被罰款1.5萬美元。據說，馬拉多納一直未支付這筆賠償金。

再度禁賽

1994年6月，在美國世界盃賽期間，馬拉多納率領阿根廷隊在兩場小組賽中取勝，人們以爲曾經那個無所不能的球王又回來了，但是賽後尿檢呈陽性，雖然馬拉多納解釋爲誤服了含有麻黃鹼的感冒藥，但國際足聯決定禁止他參加所有比賽。

鄰家縱火

2002年1月，馬拉多納居然帶著恐怖大亨本·拉登的面具跑到鄰居家縱火，好在這次事件沒有引發更大的糾紛。然而，

一個月之後，倒是馬拉多納自己家起了火，由於他將吉普車錯誤地停放在大門入口處，阻擋了消防隊員的救火工作，導致損失慘重。

抽菸觸發警報

2009年1月，馬拉多納前往英格蘭觀看曼聯與契爾西的比賽，意在考察特維斯的狀態。他與契爾西同住在曼徹斯特的尤斯頓雷迪森酒店。不過，就在比賽當天凌晨7點左右，馬拉多納由於抽雪茄而引起預警器的誤報，結果整個酒店的客人都被迫在外面站了一小時左右。這導致契爾西的眾球星沒有休息好，結果他們以零比三輸給曼聯，而特維斯根本沒有出場。

私生活混亂

馬拉多納的私生活一直是狗仔隊追逐的焦點，球王也從不隱諱自己混亂的私生活。他曾在接受雜誌採訪時表示：「我有過600個女人。」

參加卡扎菲兒子的婚禮

2001年6月14日，馬拉多納應邀前往利比亞，參加卡扎菲第三個兒子薩迪的婚禮。據說，馬拉多納一直想見卡扎菲，但沒有得到機會。

馬拉多納的經紀人科波拉透露，當婚禮快要結束時，馬拉多納準備離開，結果被警衛人員帶上了汽車。科波拉回憶說：

「他們把我們帶上了一輛汽車，當時並沒有翻譯，因此在車上，有5分鐘的時間我們根本不知道對方要幹什麼，這把我和迭戈嚇壞了。後來我們下了車，進了一個大帳篷，裡面甚至都沒有鋪地板。到了最裡面，我們看到了領導人（卡扎菲）。」

● 與那些梟雄領導人的友誼

馬拉多納認識很多領導人，走得最近的都是一方梟雄，這也許和他桀驁不馴的性格有關。古巴領導人卡斯楚、委內瑞拉領導人查韋斯、前利比亞領導人卡扎菲，這些赫赫有名的統治者都和馬拉多納關係不錯。

足壇壞小子
保羅・約翰・加斯科因

● 他是誰

保羅・約翰・加斯科因（1967年5月27日～），綽號加扎（Gazza），前英格蘭足球運動員，因出眾的天賦以及場內場外各種各樣的麻煩而出名。

● 不忘回家路

加斯科因出生在英格蘭東北貧窮的小城GATESHEAD，父親斷斷續續失業20年，全家只能靠社會救濟度日。然而，當加斯科因成名之後，當他的週薪超過一萬英鎊時，他並沒有忘記回家的路。加斯科因每週都會驅車5個小時回趟老家，為的就是到老爸常去的那個工人酒吧喝上一夜的酒。

加斯科因成名了，有錢了，徹底告別了貧苦的生活，然而他永遠不會忘記回家的路。

● 酗酒毀了足球生涯

沒人否認加斯科因的足球才華，但是其劣根性也決定了他的職業前途。其中，對其職業生涯造成致命打擊的便是酗酒問題。與妻子離婚後，加斯科因更加沉迷於酒精和毒品，身體變得極度虛弱。

加扎門

加斯科因由於傷病、紀律、酗酒等問題，沒有被霍德爾選進1998世界盃決賽階段的名單。從此，加斯科因再也沒有能力為國家隊出戰，開始了事業與人生的低谷，這次事件被媒體稱為「加扎門」（Gazzagate）。

顛沛流離的職業生涯晚期

落選1998年世界盃之後，加斯科因的職業生涯一落千丈。同年，他加入米德爾斯堡，但是因為酗酒問題被俱樂部解約，之後轉投埃弗頓，在度過了一段「戒酒期」後又轉到伯恩利。

2002年，加斯科因試圖到美國大聯盟發展，結果沒能通過華盛頓聯隊的試訓。無奈之下，加斯科因來到中國二級聯賽，簽約甘肅天馬俱樂部，但是在踢了4場比賽後就離開了中國，加入了英格蘭乙級聯賽的波士頓聯俱樂部。

2005年，加斯科因終於因為糟糕的身體狀況而宣佈退役。

沉溺酒精

從足球場上退下來後，加斯科因整日沉溺於酒精之中，很多時候，酒吧一開門就能看到他的身影。最嚴重的時候，加斯科因每天能喝掉30罐啤酒。

喪失希望

2010年6月13日晚，加斯科因遭遇了嚴重的車禍，導致其頭部大量出血，肋骨斷了6根，若非路人的緊急施救，加斯科因很可能因爲出血過多而死。事後，他對媒體說出了令世人震驚的話：「有時候我在想，我爲什麼不在車禍中死去呢？這樣我就能夠見到羅布森爵士了。」不難看出，加斯科因對生活已經失去了希望。

曾經想勸降「殺人狂」

2010年7月，一名名爲拉烏爾·莫特的37歲男子在一天之內槍擊三人，造成兩死一傷，而且他還向警方挑釁，表示將一直大開殺戒。

這件事引起了英國警方的高度重視，派出200名員警進行圍捕，並迫使「殺人狂」拉烏爾·莫特於10日凌晨自殺。

就在9日當晚，喝得醉醺醺的加斯科因出現在圍捕現場，原來莫特曾在紐卡斯爾俱樂部工作過，兩人是熟人，加斯科因竟然想要「勸降「這個殺人狂。結果，員警派車將加斯科因送到醫院醒酒。

事後，當聽說莫特自殺之後，加斯科因竟然控制不住地號啕大哭起來。

暴力傾向

加斯科因存在嚴重的暴力傾向，前妻謝莉說，加斯科因經常會連續打她好幾個小時，直到打累了爲止。有一次，謝莉甚至被打得雙眼發黑，手臂骨折，據說這還不是最慘的一次。

每當加斯科因喝得酩酊大醉之後，謝莉就成了他的出氣筒。

打飽嗝被罰

加斯科因效力拉齊奧時，應邀參加電視臺足球評論，結果他竟然對著話筒猛打飽嗝，造成了很不好的影響。事後，拉齊奧俱樂部以有損球隊形象爲名向他罰款3.9萬英鎊。

當眾放屁

加斯科因曾經在一次記者招待會上，招呼各路媒體安靜下來，之後竟然放了一個非常響亮的屁。

如此紅牌

加斯科因曾在一場比賽中看到裁判不小心滑落了手中的黃牌，結果他一臉嚴肅地走到裁判跟前，撿起了黃牌，警告了當值主裁判。不料，裁判又向他出示了一張黃牌，兩黃變一紅，被罰下場。

足壇萬人迷
大衛・羅伯特・約瑟夫・貝克漢

● 他是誰

　　大衛・羅伯特・約瑟夫・貝克漢（1975年5月2日～），英格蘭職業足球運動員，前任英格蘭代表隊隊長。貝克漢以其右腳精準的長傳和招牌式的定位球而揚名足壇，而其英俊瀟灑的外表更是贏得了全世界無數球迷的歡心。

● 少年青澀

　　要知道，萬人迷貝克漢在10歲的時候還不會追女孩，甚至有些靦腆青澀。他在少年隊的隊友費爾德回憶說，那時候的貝克漢很招女孩喜歡，曾經有女孩想要跟他約會，但大衛總是給出否定的回答。

● 不勝酒量

　　13歲時，貝克漢第一次喝酒，只喝了一罐酒的他便醉得不行，走路左右搖擺，並不時摔倒。之後參加派對，有一個女孩要和每個男孩進行「法國式深吻」，並要求貝克漢和她一起打破此前保持的8分鐘接吻紀錄，然而滿嘴酒氣的貝克漢失去了這次機會。從此，朋友們總是叫他「半杯倒的大衛「，也許這就是貝克漢成年後不再隨便喝酒的原因。

一球成名

1996年8月17日，貝克漢在代表曼聯隊的英超比賽中，攻入了溫布頓隊一球，正是這一球，開啓了他輝煌的職業生涯。比賽中，貝克漢以一記60米開外的超遠距離吊射破門，震驚世界。

飛靴門

2003年2月15日，在英格蘭足總杯第五輪，曼聯隊主場零比二輸給了前來挑戰的阿森納隊，從而被淘汰出局。

比賽結束後，老帥弗格森暴怒，他指著小貝說：「科爾讓你變得像個小丑。」小貝則還擊道：「溫格也讓你變得像個小丑。」

聽後，弗格森難以控制情緒，對著地上的球鞋飛起一腳，正好踢中了貝克漢的眉骨。從此，師徒二人結怨，不久之後，小貝轉投皇馬。

姐弟關係疏遠

貝克漢的身家過億，但姐姐琳恩的日子並不好過，曾經窮到在網上賣二手衣過活。貝克漢的姐姐琳恩與前夫離婚之後，獨自撫養最小的孩子，後來與在「facebook」上認識的男友同居。

一段時間琳恩失業在家，爲了撫養兒子，她上網拍賣了72

件物品換錢過活。友人曾爆料：「琳恩身無分文，又沒工作，家裡值錢的東西都拿去賣了。」

　　為什麼貝克漢的姐姐會如此落魄？原來，貝克漢十多年前和姐姐關係不錯，曾送給姐姐一棟房子，但貝克漢並不認同姐夫，之後姐弟兩人的關係漸漸疏遠，但他每年都會寄禮券給姐姐。

● 百變髮型

　　萬人迷貝克漢非常注意自己的形象，尤其是髮型，幾乎每隔一段時間他都會變換髮型，永遠走在時尚的前端。不過，他的粉絲也很苦，為了和偶像保持一致，他們也會經常變換髮型。

世界足壇身價最高的球員
克利斯蒂亞諾・羅納爾多

他是誰

克利斯蒂亞諾・羅納爾多，綽號C羅（1985年2月5日～），葡萄牙著名足球運動員，現效力於西甲超級球會皇家馬德里，他是當今足壇最傑出的足球運動員之一。2009年6月，以9600萬歐元的身價轉會至皇家馬德里，成為足球史上身價第一高的球員。

因為口音被嘲笑

C羅出生在葡萄牙馬德拉島豐沙爾，12歲時來到了里斯本，結果因為帶有濃重的口音經常被老師和同學嘲笑，有一次，氣急敗壞的C羅竟然拿椅子擲向老師。據說，C羅在里斯本生活一段時間之後，學會了帶有里斯本口音的葡萄牙語，但回家還是會講家鄉口音的葡萄牙語。

社交網站粉絲最多

克利斯蒂亞諾・羅納爾多擁有帥氣的外表，他也是社交網站上粉絲最多的足球運動員。雖然在足球場上與梅西的較量不佔優勢，但在人氣方面，羅納爾多在facebook上擁有3500萬粉絲，比第二名里奧・梅西多1000萬，完全佔據壓倒性優勢。

跑得最快的人

德國《明鏡週刊》曾以科學的方法測試足球運動員的速度，結果C羅以時速33.6公里的成績當選為足壇跑得最快的人。

不過，2012年4月3日，曼聯球員巴倫西亞以時速35公里的衝刺速度打破了這個記錄。

經常捐血，沒有紋身

曾經有記者問C羅，為什麼不像別的球員那樣在胳膊上紋身？ C羅說：我沒有紋身，是因為我要經常捐血，有紋身不可以捐血（因為紋身有感染血液傳染病的風險）。

C羅在國家隊的隊友卡洛斯‧馬丁斯的兒子患有白血病，C羅不僅呼籲民眾捐血，本人更是身體力行。

大腳解圍悶哭球迷，賽後送球衣致歉

2011年5月11日，皇馬在主場4比0輕取赫塔菲。比賽中發生了一段小插曲，C羅一腳踢到了球迷臉上，結果球迷的臉被悶紅了，甚至流出了眼淚。賽後C羅主動向該球迷致歉，並送上球衣。

常因踢球遲到

C羅上學的時候就非常喜歡踢足球，常因此上課遲到，一次老師終於忍無可忍，見到抱著足球的C羅再次遲到，老師大喊

道：「放下那個足球吧，它不能為你的生活帶來任何東西。」
然而，多年以後，正是足球給C羅帶來了一切。

不忘兒時玩伴

由於C羅從小就踢足球，所以朋友並不多，在他成名之後，仍然沒有忘記朋友們，那些關係最好的玩伴，至今仍得到C羅的關心，包括金錢上的幫助。

很少喝酒

2005年，C羅的父親因為酗酒導致身體惡化而去世，從那時起，C羅就很少喝酒，甚至一度戒酒。很多媒體報導C羅在夜店痛飲的消息並不屬實，2008年英國《每日鏡報》說C羅在夜店飲酒狂歡，結果被C羅告上法庭。弗格森教練也曾表示，C羅很少喝酒，那些報導都是扯淡。

熱衷慈善源於印尼海嘯

2004年12月，東南亞國家遭遇海嘯，一位名叫馬圖尼斯的小孩在海灘被困19天，獲救時孩子身上穿的正是C羅在國家隊的7號球衣。C羅從電視中看到了這一切，感觸良多，後來他邀請馬圖尼斯來到里斯本和曼徹斯特，觀看了葡萄牙以及曼聯的比賽。

從此，C羅投身於慈善事業。

巴神的世界你永遠不懂
馬里奧·巴羅特利

他是誰

馬里奧·巴羅特利（1990年8月12日～），義大利足球運動員，司職前鋒，曾效力於意甲的國際米蘭，但卻是AC米蘭的球迷。現效力於英超曼徹斯特城足球俱樂部。

孤兒

巴羅特利出生後不久，由於嚴重的腸道感染，一度生命垂危，他的親生父母因此將其拋棄。1992年，在社會福利部門的救助下，巴羅特利的病情才得到了治癒。被親生父母拋棄的經歷給巴羅特利帶來了巨大的心理陰影，造成其日後的古怪性格。

擾民專業戶

巴羅特利的表姐回憶道：「記得上初中的時候，他早晨七點左右就起來了，在房裡對著牆壁踢球，這讓鄰居十分頭疼。」

巴羅特利由於踢球經常遭到鄰居投訴，之後姑姑索性沒收了他的足球。然而，巴羅特利用報紙做成一個很大的紙足球，繼續享受足球的快樂。

拒絕與親生父母見面

當巴羅特利迅速躥紅之後，他的親生父母湯瑪斯與羅斯·巴瓦也開始頻繁見諸報端。兩人曾拿著巴羅特利的照片，哭訴著他們當年放棄親生兒子的無奈，希望重新涉足他的生活。

然而，巴羅特利的態度卻很堅定。

2008年11月，當時在國米已經大紅大紫的巴羅特利就說過：「他們說當年迫於貧困，放棄了親生兒子，但這並不是事實。沒有人強迫他們在醫院裡拋棄我，當時我只是個剛出生不久的孩子。他們之後一直音訊全無，自從兩歲起，我成為了巴羅特利家族的養子。每隔兩年，我必須在法庭上和他們簽署一份延長寄養的協定。為什麼會這樣呢？全都因為羅斯·巴瓦。」

「他們如今在報紙上手拿我身著國米球衣的照片，看起來似乎很悲傷。其實，他們從未要求把我帶回他們的身邊。10多年來，我幾乎沒有在生日時接到過一次他們的電話。直到我成為一名意甲的球員後，他們才開始和我進行聯繫。現在，我們之間沒有任何責任。在我眼中，他們只是兩位陌生人。」

巴神的淡定

巴羅特利以進球之後的淡定而聞名，大多數球員在進球之後都會瘋狂慶祝，然而巴神最多是微微一笑。《太陽報》曾經獲得了巴羅特利與胞弟在遊樂場玩過山車的監控錄影，影片

中巴羅特利的胞弟非常興奮，瘋狂尖叫，而巴神卻顯得十分淡定，不時逗樂胞弟。

AC米蘭鐵杆球迷

巴羅特利自從兒時起就是AC米蘭的球迷，直到他加盟同城死敵國際米蘭之後，仍然公開表示對AC米蘭的支持，這讓國米人十分不滿。

在效力國際米蘭期間，巴神曾多次在更衣室高唱AC米蘭隊歌，亦曾在電視節目中身著AC米蘭的隊服，這一系列舉動都引起國際米蘭球隊上下極大的不滿。

穿不上的馬甲

2011年3月，在曼城與基輔迪納摩的比賽之前，巴羅特利準備穿上比賽背心熱身，然而，幾經周折他就是無法正確穿好背心。最後，憤怒的巴羅特利索性脫下背心扔給助理教練。最終，還是在助理教練的幫助下，巴神才穿上了背心。

之後，這段影片被傳到了網上，成為YouTube的熱門影片，如果你沒有見過巴神穿馬甲，最好上網查一查，一定會「電」到你。

飛鏢傷人

2011年3月，據英國媒體《獨立報》報導，巴羅特利由於閑得無聊，竟然在曼城的卡靈頓訓練基地向窗外扔飛鏢，結果射

到了青年隊的小師弟們。

在浴室燃放煙火

2011年10月22日晚間，巴羅特利住處的浴室著火了，所幸無人受傷。「大約週六早晨1點鐘（英國當地時間）我們接到了火災的報警，經過了半個多小時的努力終於將大火撲滅，而事情一直處理到淩晨2點45分才告一段落。這次火災是由於燃放煙火造成的。」一位發言人透露說。

事後，人們都懷疑腦殘的巴神自己放火，然而他堅稱這次火災與自己無關，是他的朋友們亂玩所致。

因為我有錢

剛剛加盟曼城時，有一次巴羅特利駕車超速，員警讓他靠邊停車後，在其座駕奧迪R8的後座上看到了一疊鈔票，大概有2.5萬英鎊。交警問巴羅特利是怎麼回事？巴神操著蹩腳的英語說：「因為我有錢（Because I am rich）。」

進球之後為何不慶祝

巴羅特利進球之後很少慶祝，2012年歐錦賽期間被問及此事時，他是這樣解釋的：「進球時我不慶祝，因為進球就是我的工作。郵差送信，又何嘗慶祝過呢？」

思考人生

2012年7月2日，在西班牙對陣義大利的比賽中，巴羅特利獲得了絕佳的單刀機會，但是巴神卻愣在那裡，足足有三秒的時間，最終被後衛解圍。此後，巴神被網友戲稱爲在球場上「思考人生」。

事後巴神表示，當時有球迷發出種族主義的罵聲，對他大喊「猴子，猴子」，所以他才會在那一刻「斷電」。

Chapter
05

STRATEGIST
ARTIST
PSYCHOLOGIST
FAMOUS SPORTSMEN
THE PEOPLE OF WEALTH

歐萊雅女王
莉莉亞娜・貝當古

● 她是誰

　　莉莉亞娜・貝當古（1922年10月21日～），歐萊雅化妝品集團第二代繼承人，法國化學家、歐萊雅創始人歐仁・舒埃勒的獨生女。擁有將近27.4%的歐萊雅股票和瑞士雀巢公司大約3%的資產，一度被認爲是歐洲最富有的女人。然而，貝當古88歲高齡時，因被診斷患有「混合型失智症」和「中度老年癡呆症」，失去了家族150億歐元的財富控制權，最新一期的《福布斯》排行榜上，再難覓她的名字。

● 含著金湯匙出生的不幸兒

　　在外人看來，莉莉亞娜無疑是最幸福的女人，因爲從出生那天起，她就註定將成爲富甲一方的女首富，因爲她的父親是化妝品王國歐萊雅的創始人，而且她又是獨生女。然而，命運弄人，她的人生並非一帆風順，幼年喪母，青年時期患病，花甲之年遭遇飛機失事，耄耋之年又跟唯一的女兒決裂，而且還失去了對家族財富的控制權，她的一生可謂跌宕起伏。

● 母親離世

　　小莉莉亞娜5歲的時候，母親就去世了。直到今天，她仍

然清晰地記得那個晚上的場景：「我夜裡被僕人喚醒，只見父親跪在母親的床邊抽泣⋯⋯她去世以後，家裡就再也沒有音樂了。」

因禍得福

「二戰」結束後，莉莉亞娜被查出患有肺結核，由於長期服用磺胺治療，她不幸落下了耳背的後遺症。幸運的是，她在瑞士治療期間，認識了與她同病相憐的安德列·貝當古，二人最終結爲夫妻。

飛機事故

20世紀80年代，莉莉亞娜乘坐小型飛機前往位於布列塔尼的莊園，當飛機正要起飛時突然喪失氣密功能，一扇機艙門撞壞了莉莉亞娜的膝蓋。從此，莉莉亞娜開始了長年的住院、手術與康復訓練。

行事低調，不愛奢華

莉莉亞娜行事極爲低調，以至於人們只能從每年的《福布斯》排行榜上看到她的名字。她一生接受過的專訪次數屈指可數，她曾經說過：「我需要隱退、安靜和距離感。」

莉莉亞娜不愛奢華，不喜珠寶，名下沒有豪華遊艇，也沒有私人飛機。她在穿衣打扮方面崇尚簡約自然，據稱，她除了耳環外不戴別的首飾，而她最喜歡的衣飾是圍巾。

瑞典宜家創始人
英格瓦・坎普拉德

他是誰

英格瓦・坎普拉德（1926年3月30日～），瑞典實業家，傢俱連鎖店宜家的創始人。

財富超過比爾・蓋茲？

瑞典《商業週刊》2005年4月曾經報導說，由於美元貶值，坎普拉德的個人財富已經超過比爾・蓋茲，躍居全球首位。

此條消息一出，立即引起轟動。後來宜家公司不得不出面回應，聲稱宜家所有資產並非坎普拉德一人所有，因此全球首富之說並不屬實。

不過，坎普拉德的確富甲一方，在2004年《福布斯》全球富豪排行榜上，坎普拉德的個人淨資產為185億美元，列第13位。然而在2011年的《福布斯》排名中，坎普拉德僅以60億美元排名162位。

僅次於《聖經》的宜家宣傳冊

全世界發行量最多的書是《聖經》，而宜家的商品目錄冊，據說是世界上僅次於《聖經》的、發行量最大的免費印刷刊物，可見，宜家文化已經深入人心。

對於財富的理解

坎普拉德曾經坦誠地表示：「可能我有一種俗不可耐的心理，它與炫耀所帶來的快感有關，是想以一種特別的方式成為名人……不過，第一個100萬到手的時候，我的確高興得要命，但我已經忘記了，除了匯單上的號碼，我全都忘記了。錢不能拿來當飯吃，它只會讓你變得富有。對於我來說，賺錢的動力來自於父親、母親，為了自己或其他對自己來說十分重要的人，去實現自己的夢想。」

這個老頭有點「摳」

在外人看來，坎普拉德的節儉有些過頭，甚至是有點「摳門」。他沒有時髦的服飾，沒有昂貴的手錶，也沒有高級轎車，和比爾・蓋茲一樣，出門旅行時總是選擇經濟艙。假如公司為他預訂了昂貴的東西，他還會因此而生氣。

坎普拉德經常在宜家總部吃員工餐，而且還會自掏腰包結帳。他喜歡喝酒，但不一定非常貴重，一瓶廉價的威士忌就能帶給他足夠的快樂。此外，他喜歡在下午價格比較便宜的時段去市場購買蔬菜、水果。

在外出方面，坎普拉德經常乘坐公共交通工具到瑞士各地旅行，還會使用自己的老年優惠卡，即便坐火車也是買二等票。

坎普拉德不住豪華賓館，在他的公司守則中有這樣一條，

「宜家人不開豪華汽車不住豪華酒店」。

在坎普拉德的影響下，這種節儉的理念已經成爲宜家的公司文化。宜家分佈在全球的數萬名員工，出差都會選擇經濟艙，平時外出坐公車而不是計程車。

奧馬哈的先知
沃倫・愛德華・巴菲特

他是誰

　　沃倫・巴菲特（1930年8月30日～），美國投資家、企業家、慈善家，伯克希爾・哈撒韋公司的董事長。根據《福布斯》雜誌公佈的2010年度全球富豪榜，他的淨資產價值為470億美元，僅次於卡洛斯・斯利姆・埃盧和比爾・蓋茲，排名全球第三。

　　2006年6月，巴菲特承諾將其資產捐獻給慈善機構，其中85%將交由蓋茲夫婦基金會。

股神的傳說

　　一提到巴菲特，很多人都會想起「股神」這個神一樣的稱謂，然而，這只是以訛傳訛的說法，因為巴菲特本身並不是非常熱衷於股票操作。正統的財經媒體尊稱他為「奧馬哈的先知」或「奧馬哈的聖人」。

不願意讓大量財富代代相傳

　　與比爾・蓋茲一樣，沃倫・巴菲特將大部分財富用於慈善，只給子女留下一小部分，他一再表示，不願意讓大量財富代代相傳下去。沃倫・巴菲特曾說：「我想給子女的財富，

是足以讓他們能夠一展抱負，而不是多到讓他們最後一事無成。」

巴菲特的午餐

顧名思義，巴菲特午餐，就是有機會與巴菲特共進午餐，一般都在紐約知名的牛排館。2000年起，巴菲特午餐每年拍賣一次，並從2003年開始轉為網上拍賣，所得善款全部捐給美國慈善機構。

巴菲特午餐底價2.5萬美元起拍，被稱為「私募教父」的趙丹陽曾經以211萬美元競拍成功。2011年，基金經理韋施勒（Ted Weschler）匿名出價263萬美元，獲得了與巴菲特共進午餐的機會。此後，巴菲特選擇韋施勒出任伯克希爾的投資經理。

懷舊的人

巴菲特是一個十分念舊的人，也許是出於習慣，也許是出於節儉。總之，他的一輛老款沃爾沃轎車伴隨了他將盡三十年；他喜歡光顧同一家理髮店，喜歡去同一家餐館用餐，而且幾乎每次都點同樣的菜……

到現在，他還住在奧馬哈的老房子裡，那是他50年前結婚的時候買的。他說：「在那個房子裡我能得到我想要的一切東西，那間老房子甚至沒有院牆和籬笆。」

一次購買五十打可樂只為折扣

巴菲特的節儉是聞名世界的，他喜歡喝櫻桃味的可口可樂，並且經常親自去購買，一次買五十打，因為這樣就可以享有很好的折扣。

美國賭王
謝爾登・阿德爾森

他是誰

謝爾登・阿德爾森（1933年8月1日～）是美國億萬富商，立陶宛裔猶太人。他是拉斯維加斯金沙集團的主席以及執行長，公司旗下有威尼斯人（澳門）股份有限公司及地處拉斯維加斯的金沙會議展覽中心。

「總有一天，我的財富會超過比爾・蓋茲」

75歲的阿德爾森的左腿飽受神經病變之苦，需要依靠拐杖行走，但只要談到世界財富排名，他就會顯得十分興奮，他曾經說過：「總有一天我的財富要超越比爾・蓋茲，變成世界首富。」

然而，記者告訴他說：「你的財富還差比爾・蓋茲300億美元。」阿德爾森則不以為然地回答：「為什麼不可能？我就是敢做夢，才有今天的財富。」

200美元起家

1933年，阿德爾森出生於美國波士頓的猶太家庭，他的父親在波士頓以開計程車為業。阿德爾森12歲的時候，開始了第一次創業，他向叔叔借了200美元做本錢，租下兩個攤位，開始了街頭賣報生涯。

20歲時，阿德爾森開始向汽車旅館供貨，主要銷售洗髮精、刮鬍膏等用品，那個時候，絕大多數汽車旅館都不提供洗浴用品，阿德爾森發現了其中的商機，他的經商天賦從此開始顯現。

成功祕訣

阿德爾森說過：「我能看見別人看不到的東西，為什麼不呢？我已經做了60年的企業，並且從事50多項生意。我一直奇怪為什麼別人沒有發現我發現到的機會，我並不認為我比一個普通的企業家要高明多少，為什麼他們沒有看到機會？我也不明白。」

阿德爾森從不放過任何掙錢的機會，在他舉辦的會展中，他利用會展大廳的每一處牆面，每一份簡報，甚至每一個購物袋出售廣告。雖然有時會被人稱為「小氣鬼」，但這就是他的成功祕訣。

看透人性

阿德爾森之所以選擇了賭博行業，因為他早已看透人性，知道賭博是人類的天性所在。他曾經說過：「我小時候，是用黑膠唱盤，後來變成卡式錄音帶，再來變成CD，現在又變成MP3。科技或工業必須不斷進步，才能吸引消費者使用。」

「但賭博不用，我從事的是世界上第二古老的行業，只要有人類，就有賭博。」

義大利首富
西爾維奧・貝盧斯科尼

他是誰

西爾維奧・貝盧斯科尼（1936年9月29日～），生於義大利北部城市米蘭，畢業於米蘭大學法學系。義大利政治家和知名企業家，他曾三度擔任義大利總理，同時擁有500多家公司，包括義大利3家私營電視臺、最大的出版公司、著名的AC米蘭足球隊、多家銀行和保險公司等。

遊艇歌手與酒吧駐唱

貝盧斯科尼在讀大學期間，為了支付高昂的大學學費，曾經在米蘭的遊艇上當歌手掙錢。多年以後，這個當年在遊艇上自彈自唱的年輕人竟然成為義大利、歐洲乃至整個世界最具影響力的人物之一。

貝盧斯科尼還曾在義大利厄爾巴島著名的康提基酒吧擔任駐唱，如今這家酒吧仍然願意與他合作，康提基酒吧的經理說：「我們歡迎貝盧斯科尼再次與我們合作。」

酷愛音樂，出版專輯

貝盧斯科尼酷愛音樂，曾經與吉他演奏家馬里亞諾・阿皮契拉合作，並成功發行了好幾張情歌專輯，其中一張專輯甚至

進入了義大利最暢銷CD前50名。

航班改線

1962年，貝盧斯科尼投身房地產領域，他用借來的3億里拉在米蘭郊區買下了一塊地，建起了公寓。然而，這塊地的上空經常有飛機駛過，影響了地皮的升值。忽然有一天，人們驚奇地發現，附近機場的飛機改變了航線，從此貝盧斯科尼的這塊地產價值飛漲。可見，當時貝氏的影響力已經非同尋常。

惹禍的「大嘴」

「貝大嘴」的綽號的確名不虛傳，貝盧斯科尼曾經不止一次因為不當言論引起爭議。比如，他曾經出言諷刺一名女性議員的長相，從而招致許多女性和政敵的聲討。事件發生過程如下：反對黨民主黨議員羅茜‧賓迪在做客義大利國家電視臺一檔晚間直播節目中，主持人電話連線貝盧斯科尼，後者侃侃而談之際賓迪插話。結果，頗為不悅的貝盧斯科尼尖刻地回應道：「我發現你的美貌越來越勝過智慧。」賓迪則回擊道：「我可不是那種任由你擺佈的女人，總理。」兩人隨即針鋒相對鬥起嘴來。

還有一次，73歲的義大利總理貝盧斯科尼與阿爾巴尼亞總理會面時，竟然當著阿爾巴尼亞總理貝里沙和記者的面說，義大利只想讓「阿爾巴尼亞的漂亮小妞」移民該國。此外，貝盧斯科尼在一次視察地震災區時與一位漂亮的女醫生開玩笑，聲

稱死人見了她也會活過來，結果再次招來了反對之聲。

風流總理頻整容

眾所周知，貝盧斯科尼十分在意自己的長相，據說他曾在多個場合一邊撫摸著自己的臉龐，一邊問身邊的記者：「你不覺得我很帥嗎？」為了讓自己的樣子看上去更英俊、更有活力，貝盧斯科尼更是頻頻整容，甚至從頭到腳「整」了一遍。去眼袋、植頭髮、修膚色、抽脂肪……可見，這位風流倜儻的總理多麼在意自己的形象。

遇襲事件

2009年12月，貝盧斯科尼在米蘭應邀參加一個聚會時，遭到一名男子的襲擊，該男子用米蘭大教堂的模型擊中了貝盧斯科尼的臉部，致其鼻骨骨折，兩顆牙齒鬆動，頭痛嚴重且進食困難，遇襲後的貝盧斯科尼的情緒十分低落。

緋聞不斷

風流的老貝永遠都離不開緋聞，過不了多久，就會爆出有關他的緋聞事件，這樣的消息數不勝數，直到他與裸女狂歡的照片以及性醜聞被公佈，人們的反感情緒達到了極點，導致了大量女性的示威遊行，並要求他下臺。貝盧斯科尼在接受訪問時說：「我並不害怕，這些照片都是清白的，亦不構成醜聞。但（刊登照片）是嚴重侵犯我的私人生活。」

世界首富、墨西哥電信大亨
卡洛斯・斯利姆・埃盧

他是誰

卡洛斯・斯利姆・埃盧（1940年1月28日～），經常被稱爲卡洛斯・斯利姆（Carlos Slim），黎巴嫩裔墨西哥商人，出生於墨西哥城。

2010年，斯利姆以535億美元資產壓倒蓋茲及巴菲特，首次登頂全球首富。2011年，他以740億美元資產的絕對優勢蟬聯福布斯全球富豪榜首位。

父親是導師

在斯利姆看來，父親是帶領他進入商界的導師。小時候，父親每週給他5比索的零用錢，但有一個要求，即讓他記錄下每一筆開支。今天斯利姆辦公室的書架上，還保留著5本當年的帳本，上面記錄著他買過的玉米粉圓餅、油炸圈餅和喝過的飲料。

投資領域廣泛

根據《福布斯》雜誌的統計，斯利姆的投資領域涉及各種層面，包括移動通訊公司、銀行、代理、保險、互聯網業務、餐飲、零售、電子、石油設施、鋼鐵、水泥，甚至航空公司。

有人開玩笑說，墨西哥人的生活離不開斯利姆。的確如此，墨西哥人使用的手機服務是斯利姆提供的；有車一族的汽車輪胎是在斯利姆開的店裡買的，公路上基礎設施建設使用的鋼材是斯利姆公司生產的；很多人會在斯利姆開的餐廳用餐；電視上的新聞，也是由斯利姆電視臺播放的新聞；還有網路，也是斯利姆公司提供的。

不懂電腦的投資大師

世界首富居然不懂電腦？沒錯，斯利姆是一個非常傳統的人。在他的私人生活中，缺少現代科技的影子。能以超常的速度計算數字的斯利姆對電腦始終不感興趣，他更願意一頁頁地翻看財務報表，也許和童年時記帳的習慣有關。

1999年耶誕節時，斯利姆的家人曾送給他一台筆記型電腦，但他笑稱自己只懂得如何按開機鍵。

生活節儉

斯利姆的為人低調，生活節儉，甚至在外人看來有些吝嗇。的確，世界首富的辦公地點是一棟兩層的舊樓，數十年不曾改變。斯利姆對於衣食住行和穿著打扮並不講究，他總戴著一支廉價的塑膠電子錶，經常穿著一身鬆垮的衣服。斯利姆沒有私人飛機，需要時就用旗下墨西哥電話公司的飛機或直升機。

傳記作家何塞‧馬丁內斯在《外界所不知的卡洛斯‧斯利

姆》一書中寫道，斯利姆把自己的月薪定爲2.4萬美元，用做個人日常開銷。

熱衷收藏

當然，首富也有其奢侈的一面，他喜歡收集藝術品。他的私人藏品博物館堪稱拉丁美洲最大，收有法國雕塑家奧古斯特·羅丹大約300件作品。

甲骨文公司創始人
勞倫斯・埃里森

● 他是誰

勞倫斯・埃里森（1944年8月17日～），甲骨文公司（Oracle）創始人和CEO。根據2009年最新福布斯雜誌的統計，他的個人資產高達225億美元，居世界第4位。短時間裡他甚至曾經僅次於比爾・蓋茲為世界上第二富人。

● 追求享受

學生時代的埃里森成績平平，在學校不太合群，喜歡獨來獨往。然而，從那時開始，埃里森就很注重享受，並且十分在乎自己的外表，當別的孩子還由父母理髮時，他卻請專業理髮師來打理。

● 不喜歡老師

學生時代，埃里森經常曉課，學習成績忽高忽低，因此大部分老師都不太喜歡他。埃里森也這樣評價說：「老師們只要求你按他們的意志行事，只有這樣你才會討老師的歡心，但是墨守成規的結果是你永遠不會在生意界有所作為。」

曾經一事無成

埃里森在32歲之前還一事無成，讀了三個大學，沒得到一個學位文憑。工作之後頻繁跳槽，事業毫無起色，為此，妻子也離他而去。埃里森曾經懇求妻子說：「我求求你，不要離開我。我一定會成為百萬富翁，也一定會讓你擁有你想擁有的東西。」然而，當時，沒有人相信他的話，他的妻子最終還是選擇了離開。

惡作劇

2000年8月底的一天黃昏，埃里森與朋友乘遊艇出海，在開普里海灣與保羅・艾倫的遊艇不期而遇。結果，兩船相遇時造成的巨浪讓艾倫措手不及，甲板上的人左搖右晃，而埃里森和他的朋友則捧腹大笑。

當記者問及此事時，艾倫的發言人對這件事拒絕發表評論，埃里森則說：「此事純屬小孩子的惡作劇，我覺得用不著小題大做。」

瘋狂的CEO

埃里森是矽谷最具爭議性的人物之一，張揚的個性，讓人瞠目結舌的舉動。比如，他曾經因為違反航空禁令，半夜將私人飛機降落在聖約瑟機場，引發了沒完沒了的糾紛案；曾經因為偽造自己的麥克拉倫F1賽車尾氣排放證而被曝光。此外，埃

里森酷愛飆車，親自駕駛噴氣式飛機，曾經在夏威夷衝浪時摔斷了幾根骨頭，玩自行車時摔斷過眉骨等。

在意身材

埃里森非常在意自己的形象，尤其是身材的變化。他的助理曾經說：「埃里森精力過人主要是因為他健康的體格，他非常在意體形的變化，就像一個女人在乎大腿的粗細一樣。」

經常遲到

埃里森有一個很大的壞習慣，就是經常遲到。斯圖爾特·菲根是甲骨文公司的元老之一，他是該公司的第五位雇員，他形容曾經的老闆是「姍姍來遲的埃里森」，因為每次約好了吃午餐時，他總是遲到，而且經常要等上很久。

關於埃里森經常遲到的事例不勝枚舉，而且他不只讓下屬等，還讓很多大人物等。例如他曾經讓五角大廈的高級官員們等了45分鐘；還有一次，埃里森讓菲律賓總統菲德·拉莫斯在他三藩市的房子裡等了一個小時，之後他居然不慌不忙地花了15分鐘換衣服。

印度鋼鐵大亨
拉克希米‧米塔爾

他是誰

拉克希米‧米塔爾（1950年6月15日～），是一位以倫敦爲基地的印度億萬富翁及工業家，在印度拉賈斯坦邦楚盧縣的Sadulpur村出生，現於倫敦肯辛頓定居。

根據《福布斯》雜誌的報導，他的財富總和高達320億美元，在世界富豪榜排行第五。

超級豪宅

2004年，米塔爾斥資7000萬英鎊（1.2億美元）在英國倫敦肯辛頓王宮花園買下一棟別墅，這棟別墅甚至比蓋茲位於美國西雅圖華盛頓湖的豪宅（1億美元）還貴。據說，別墅設計之初，建築商的目標就是讓這所房子成爲全英格蘭最昂貴、最華麗的住宅。

打破世界紀錄

米塔爾的天價豪宅創下了全球私人購買豪宅的最高成交價紀錄，之前的記錄是香港在1997年創造的單座房屋6270萬英鎊的交易額。

購買豪宅的真正原因

拉克希米・米塔爾的一位朋友於2004年4月10日對《星期日泰晤士報》記者說出了米塔爾購買這座豪宅的真實原因。他說：「拉克希米希望融入英國社會，他認為這座房子是他身份的象徵，這將有助於他地位的進一步加強。他太富有了，這點錢對他來說算不上什麼。」

為愛女舉辦豪華婚禮

2004年6月，米塔爾花費5500萬歐元，為女兒舉行了全世界最昂貴的婚禮。婚禮當日，1000名受邀賓客住進巴黎五星級酒店，參加了為期5天的盛大慶祝活動。

米塔爾花了9.6萬歐元租下了凡爾賽宮，又用5萬歐元租下維孔宮和杜伊勒里花園，並在杜伊勒里花園裡舉辦了盛大的焰火晚會，盛放的煙花甚至照亮了埃菲爾鐵塔。

宴會上，總共喝掉5000多瓶價值450歐元的法國名酒——「木桐－羅吉德堡」葡萄酒，僅此一項就花掉150萬美元。

低調生活

雖然有關米塔爾天價消費的新聞不絕於耳，不過他本人表示，自己非常喜歡低調生活。據稱，有一次布雷爾夫婦邀請他參加政府專為英國最富有的亞洲人所開的宴會，米塔爾卻拒絕了。根據知情人士透露，米塔爾不喜歡拋頭露面。

維珍集團創始人
理查德‧布蘭森

他是誰

理查德‧布蘭森（1950年7月18日～），英國著名企業維珍集團的創辦人兼董事長，旗下有近200家公司，是當今世界上最富傳奇色彩和個性魅力的億萬富翁之一。維珍集團旗下的包括維珍航空、維珍火車、維珍移動、維珍可樂、維珍能源。

「我從不認為工作是工作，娛樂是娛樂」

在理查德‧布蘭森看來，工作與生活是並重的，這也是他的人生哲學。布蘭森習慣於在小本子上寫寫畫畫，隨時記錄暫態的靈感。然而，他的小本子上記載的不止是工作，還有比如邁克爾‧傑克遜下周想來小島玩；妮可‧吉德曼說她想到這裡來打網球；準備給納爾遜‧曼德拉寫信等。

瘋狂的公關秀

理查德‧布蘭森是一個瘋狂的傢伙，從他的公關創意中便可看出。他曾經駕駛坦克車碾過放在時代廣場上的可口可樂，宣示維珍集團正式向可口可樂挑戰；為了取悅媒體，他還曾男扮女裝，出現在「維珍婚紗」公司的開業典禮上……布蘭森的每一次大膽的創意都會引來極為轟動的廣告效應。

歸為哪一類人？

在一次瑞士達沃斯經濟論壇上，主辦方對於如何給布蘭森分類感到頭痛不已，他們不知道該將他和比爾‧蓋茲這樣的大老闆分在一起呢？還是把他與安潔麗娜‧裘莉等好萊塢明星放在一起？抑或是讓他與那些人道主義者在一起，因為他曾讓自己公司的一架飛機改變航線，前去幫助海嘯的受難者。

8歲時仍不會閱讀

「我在8歲時仍然不會閱讀。不久，我就因為課堂作業做得差或弄錯赫斯廷斯戰役的日期等原因而一周挨一兩次打，」布蘭森回憶說，「我知道無法通過考試，所以我做了些別的事情。」

布蘭森知道自己沒有讀書的天賦，於是16歲之後，他就退學了。布蘭森開始利用不讀書時想出來的點子創業，18歲時掙到了第一個百萬英鎊。布蘭森得意揚揚地說：「你看，假如我擅長數學的話，我可能永遠都不會創辦航空公司。」

他16歲那年，從公立學校輟學時，校長如釋重負，校長對這個笨學生說：「布蘭森，我敢預言，今後你如果不能成為一個百萬富翁，肯定會進監獄。」不得不承認，這位中學校長是個先知。之後，布蘭森確實曾經被短暫關進監獄，因為他所做的廣告有淫穢之嫌。

試圖阻止伊拉克戰爭

布蘭森此舉並不是為了宣傳，抑或是新的冒險，他感覺這事關重大，有必要做點什麼了。為此，布蘭森找到了老朋友前南非總統曼德拉，制訂了祕密而詳細的拯救計畫。他的想法是和曼德拉一起搭私人飛機直接前往伊拉克會見薩達姆，並勸說後者以自己的流亡換取伊拉克人民的安全。

然而，當他們正要開始行動時，美軍的行動開始了，這次計畫也宣告失敗。

開水陸兩用跑車橫跨英吉利海峽

酷愛冒險的布蘭森，為了慶祝維珍大西洋航空公司成立20周年，特意花7.5萬英鎊購買了一輛詹姆斯‧邦德式的黑色水陸兩用跑車。布蘭森對這輛超級拉風的跑車非常滿意，他表示：「這是輛與眾不同的車，我剛開著它出現時，港口的人們就紛紛為它發出驚歎聲。」

布蘭森此次橫跨英吉利海峽的冒險只花了1小時40分鐘零6秒，事後，他非常興奮，並不斷誇讚自己的座駕。

微軟公司創始人之一
保羅・加德納・艾倫

他是誰

保羅・加德納・艾倫（1953年1月21日～），美國企業家，與比爾・蓋茲一起創建了微軟公司。在1985年微軟上市後，艾倫憑藉手中的股票一度成為僅次於比爾・蓋茲和沃倫・巴菲特的全球第三富翁。此外，艾倫還是NFL的西雅圖海鷹隊和NBA的波特蘭開拓者隊的老闆。

癌症

1982年，艾倫在一次商業旅行中突然病倒，經診斷患有淋巴系統癌症。艾倫所患癌症叫做非霍奇金淋巴瘤，是一種產生於淋巴系統的癌症。根據美國癌症協會資料顯示，2009年，有將近6.6萬人患有非霍奇金淋巴瘤，1.95萬人因此疾病不治身亡。

離開微軟

1982年，29歲的艾倫被查出罹患第四期的淋巴瘤，不得不休養數月。不久，在他重回工作崗位時，無意間聽到蓋茲與鮑爾默的對話，原來他們正抱怨艾倫幾個月沒有工作，準備透過發行期權的方式來稀釋艾倫的股份。

艾倫無法抑制心中的怒火衝了進去，讓蓋茲和鮑爾默十分尷尬。事後，蓋茲寫了一封6頁的道歉信，但是裂痕已不可彌合。在此次衝突發生兩個月後，艾倫正式離開微軟，但仍保留公司董事會副董事長的席位和他的股份。艾倫成立了一家新公司，當比爾·蓋茲要投資他時，他拒絕了。「我想看看沒有他的幫助，我單槍匹馬能做到什麼程度。」

享受人生

也許是癌症改變了艾倫的人生觀，離開微軟之後，他不再將全部時間與精力投入到工作之中，而是開始享受生活。在其自傳《我用微軟改變世界》中，艾倫寫道：「我在微軟時沒有時間去探險，直到29歲罹患癌症，情況才發生改變。（在海上）我度過了人生中最美好的時光。現在我更想去享受生命。」

章魚號遊艇

保羅·艾倫的章魚號（OCTOPUS）遊艇價值2.5億美元，是世界上十大豪華私人遊艇之一，遊艇設施極盡奢華，有兩個直升機升降坪、一座游泳池、一個棒球場、一所醫院和一座視聽影院。

據知情人士透露，一艘遊艇每年的花費大約是遊艇本身價值的10%左右，費用大概是這樣分配的：船長和服務人員（包括直升機駕駛員、貼身服務生、嚮導、按摩師、髮型師等）的薪

水、保險費、停泊費、維護費、燃料費。如此計算,「章魚」號每年的使用和維護費用將超過2000萬美元。

酷愛音樂

保羅·艾倫對音樂的熱愛甚至超過了程式設計,他說:「當然我十分熱愛程式設計,但還是無法與音樂相比。」為此,艾倫在家鄉西雅圖建立了一座名為「體驗音樂計畫」的大廈,以此向搖滾英雄吉米·亨德里克斯致敬。他還邀請後現代主義建築大師法蘭克·蓋瑞建造了一座「迷幻音樂」建築,那棟建築看起來像一把正在融化的巨型吉他。

同時,艾倫擁有一支名叫「屠戶店男孩」的搖滾樂隊,他是吉他手,經常與著名音樂人共同演奏吉他。據說,艾倫雇傭了幾位全職音樂家,隨時待命,一旦接到電話,必須24小時內飛到世界各地,和艾倫組隊演出。

不善社交

與比爾·蓋茲一樣,艾倫也不善社交。在很多人眼中,他就像是美劇《生活大爆炸》裡的謝爾敦,是個不折不扣的書呆子。據他的生意夥伴透露,跟他談工作時,他的社交技能剛剛好,但當在電梯裡與艾倫不期而遇時,他就顯得不知所措,不但刻意回避眼神接觸,有時候還會裝作不認識。

體育迷

保羅・艾倫還是一個體育迷，他也是唯一擁有兩支體育俱樂部的美國富豪：NBA波特蘭開拓者隊與NFL的西雅圖海鷹隊。此外，他也部分擁有西雅圖海灣人足球俱樂部。

微軟公司創始人
比爾·蓋茲

他是誰

　　比爾·蓋茲（Bill Gates），全名威廉·亨利·蓋茲（William Henry Gates，1955年10月28日～），美國微軟公司的董事長。他與保羅·艾倫一起創建了微軟，曾任微軟CEO和首席軟體設計師，並持有公司超過8%的普通股，也是公司最大的個人股東。比爾·蓋茲曾在1995年到2007年的13年間蟬聯世界首富殊榮。2008年6月27日正式退出微軟公司，並把580億美元個人財產盡數捐到比爾與美琳達·蓋茲基金會。

蓋茲的豪宅

　　在印度鋼鐵大亨一擲千金購買豪宅之前，蓋茲的這幢價值1億美元的豪宅，一直是這個地球上最貴的私人豪宅。

　　蓋茲的豪宅位於美國西北部華盛頓州，依山面湖，結合美麗的自然生態與先進的資訊科技，儼然已成為美國除白宮之外，最受矚目的名人宅邸。

　　蓋茲的房子占地面積超過6000平方米，各種設備極盡奢華，包括水族館式客廳、有跳床的房間、「雅迪高」風格的劇院和一個能同時容納150人用正餐、200人舉行雞尾酒會的大接待廳等。

情人反目

比爾‧蓋茲與自己的雇員——25歲的斯特凡妮‧宙赫爾傳出了緋聞。據說，蓋茲主動約斯特凡妮去酒吧見面，一開始蓋茲還一本正經地談工作的事，慢慢地就開始放鬆了。他直率地告訴斯特凡妮，自己十分想和她交往，然後用膝蓋輕觸她的腿，最後，比爾甚至湊到她面前低聲地說：「妳太迷人了，太美了，我可能已經身陷愛河。」

然而，斯特凡妮當時已經有了男朋友，卻又不敢直接拒絕自己的老闆。蓋茲於是得寸進尺，不僅親吻了她，還說：「我一開始就知道，妳對我有好感。」

至此，斯特凡妮成為了蓋茲的情人，然而，僅僅9個月之後，這段戀情就結束了，蓋茲為此付出了慘痛的代價。

斯特凡妮在美國司法部對微軟進行的壟斷案調查中，指證蓋茲使用非法手段競爭。斯特凡妮的證詞令許多人大吃一驚，對於微軟公司來說，她的證詞是一次致命的打擊。知情的華爾街經紀人紛紛拋售微軟股票，一時間，蓋茲的個人財產損失高達80億美元。

蓋茲與溫布萊德

溫布萊德比蓋茲大9歲，在蓋茲看來，兩人之間的關係是一種純粹的「柏拉圖」式的精神戀愛。他們經常在一起談論問題，並會為此爭論不休。然而，他們也沒能走到最後，兩人於

1987年正式分手，不過他們卻仍然保持著友誼，經常見面，討論問題。

結婚徵求溫布萊德的意見

也許聽上去很荒謬，但是比爾·蓋茲在很多事情上都會徵求溫布萊德的意見，甚至是自己的婚姻大事。1993年，蓋茲最終選擇了美琳達做自己的人生伴侶。在此之前，蓋茲也考慮了很久，他還打電話徵求溫布萊德的同意。很多瞭解蓋茲的人說，如果溫布萊德不允許，蓋茲是不會迎娶美琳達的。

不近人情的要求

1994年1月，蓋茲與美琳達完婚。在婚禮宴席之後，蓋茲向美琳達提出了一個不近人情的要求，他表示要繼續與溫布萊德保持友誼，每年要抽出一個星期的時間與溫布萊德待在一起。對於蓋茲近乎無理的要求，美琳達居然同意了。蓋茲自己說，他每年和溫布萊德在一起的時間只是用來探討問題而已。

比爾·蓋茲的傳記作者詹姆斯·華萊士說：「比爾需要從溫布萊德身上得到某些精神上的東西，他們在一起的時候就像兩個孩子，往往就某個問題爭論不休，在整整一個星期中，他們經常除了讀書和討論問題什麼都不做。」

「臭不可聞」

由於一心投入工作，比爾·蓋茲不喜歡洗澡，他甚至可以

兩三天不洗澡，因此身上經常散發出一股臭味。

花花公子

比爾‧蓋茲曾經也是有名的花花公子，還在哈佛讀書時，他就經常光顧波士頓的珂姆貝特區，此區以其脫衣舞俱樂部聞名。

只給孩子留1000萬美元

比爾‧蓋茲認為，給孩子留下太多錢沒有好處，有報導說蓋茲只準備給每個孩子1000萬美元，他說：「那只是我財富的很少一部分，這意味著他們必須自己謀生。他們會獲得很好的教育，都已經付錢了。還有任何與健康有關的條件，我們會處理好。至於收入，就要自己選擇喜歡的工作，然後去努力。他們現在只是普通孩子。做零工，也拿到零用錢。」

孩子們曾就這個問題質問過蓋茲，他的回答是：「你們非常幸運，因為這些錢可能會毀了你們。假如有人給了我很多錢，我就不會這麼努力工作，幹勁十足了。這時，人們對待你的方式，以及你思考風險和其他事情的方式，就會大為不同。擁有巨額財富但仍然努力奮鬥，這非常難做到。有些人或許能做到，但我肯定不行，所以我不想用你們來做這個實驗。」

熱衷慈善

有人會問，蓋茲的那麼多錢都去了哪裡？答案是比爾與美

琳達·蓋茲基金會，蓋茲退出微軟之後，將580億美元全部放在這裡，用於慈善事業。

迷戀撲克牌

蓋茲的合作夥伴保羅·艾倫曾經透露，蓋茲很喜歡在晚上打撲克，在哈佛上學期間，蓋茲曾因為打撲克而輸掉了不少的錢，一開始每晚輸贏幾百美元，後來甚至一晚可以輸掉幾千美元。但艾倫認為，打撲克讓蓋茲學會了如何虛張聲勢，這對他後來的創業提供了不少幫助。

瘋狂事蹟

蓋茲和艾倫曾經攻破了一間公司的財務檔案，目的竟然只是為了獲得免費使用電腦的時間。艾倫回憶說，蓋茲為了接近女生，曾經透過編排課程計畫軟體，將自己分配到一個全部都是女生的英語課程班級。最為瘋狂的一件事要算20世紀80年代，有一次蓋茲和艾倫在三藩市國際機場誤了航班，為了趕上這趟飛機，蓋茲竟然跑到機場跑道邊上的控制台去操作控制鍵。艾倫被嚇壞了，他以為蓋茲會因此被逮捕，結果機場方面竟然讓飛機返航。

節儉的生活方式

大多數超級富豪生活中都有節儉的一面，蓋茲也不例外。誰能想到，蟬聯13年全球首富的比爾·蓋茲沒有私人司機，從

不包機旅行。即便是公務旅行時，他也經常選擇經濟艙。出席會議時，拒坐高級轎車，只坐普通車。自己開車時，甚至不願多花幾美元的泊車費……

蓋茲不喜歡擺闊的人，他只想當一個普通人，他曾說過：「如果你已經習慣了過分享受，你將不能再像普通人那樣生活，而我希望過普通人的生活。」

不追求名牌服裝

從蓋茲的著裝便可看出，他對穿衣並不講究，不穿名牌，而且喜歡購買打折產品。一次，蓋茲應邀參加由世界32位頂級企業家舉辦的「夏日派對」，他穿了一身套裝，價格甚至還不到大明星一次洗衣服的錢。

蓋茲對穿著並沒有太高要求，簡單舒適就好。在沒有重要會議的時候，他通常會選擇休閒褲與開領衫，以及他最喜歡的運動鞋，其中沒有一件是名牌。

為泊車費糾結

一次，蓋茲與一位朋友前往希爾頓酒店開會，由於晚到了一會兒，所以沒有了停車位。於是，朋友建議將車停放在飯店的貴賓車位。誰知，蓋茲不同意，朋友接著說：「錢可以由我來付。」蓋茲仍然不同意，原因很簡單，貴賓車位需要多付12美元。

只坐經濟艙

比爾・蓋茲的生活非常忙碌，經常輾轉於不同的國家，每次坐飛機時，他都會選擇經濟艙，除非遇到特殊情況，他是絕不會坐頭等艙的。一次，蓋茲應邀前往在美國鳳凰城舉辦的電腦展示會，主辦方事先為他訂好了頭等艙的票，結果蓋茲竟然把票換成了經濟艙。這樣換票的例子不在少數，從中可以看出蓋茲的節儉。

改變世界的蘋果之父
史蒂芬‧賈伯斯

他是誰

史蒂芬‧賈伯斯（1955～2011年），美國商業鉅子及發明家，蘋果公司的創辦人之一，曾任董事長及首席執行長等職位，亦是皮克斯動畫的創辦人並曾任首席執行官。

孤兒

1955年2月24日，史蒂芬‧賈伯斯出生在美國三藩市。然而，由於未婚先孕，賈伯斯的父母在他出生之前就決定將他交給別人收養，他們只有一個條件，就是要保證賈伯斯上大學。賈伯斯的養父保羅‧賈伯斯沒有食言，只是後來賈伯斯自己選擇了退學。

賈伯斯的家族關係

生父：阿卜杜拉法塔赫‧約翰‧錢德里

生母：瓊安‧席貝爾‧錢德里‧辛普森

親生妹妹：莫娜‧辛普森

養父：保羅‧萊因霍爾德‧賈伯斯

養母：克拉拉‧哈戈皮安‧賈伯斯

妹妹：帕蒂‧賈伯斯（其養父母領養的第二個女孩）

印度尋禪

賈伯斯傳記作家透露，賈伯斯年輕時曾放棄工作，花了7個月的時間前往印度尋禪，他在那裡學會使用直覺。賈伯斯承認，他的設計靈感受到「禪宗」簡潔思想的深刻影響，這一點從蘋果公司的一系列作品中便可看出。

無商不奸

俗話說「無商不奸」，賈伯斯也經常玩弄小手段以達到個人目的。讀書的時候，他為了獲得某個電子零件，打電話給該零件的生產商，聲稱自己希望測試此電子零件的功能，從而讓對方無償寄送此零件給他。此外，賈伯斯在與沃茲尼亞克合作開發遊戲《突出重圍》時，原本說好獲得的資金對半分成，結果他只給了沃茲尼亞克350美元，而該案全額5000美元。

不在意穿著

賈伯斯並不在意穿著，從他在公開場合亮相時的穿著就可看出：一條牛仔褲，一件T恤衫，而且總是一成不變。據甲骨文CEO勞倫斯・埃里森透露，賈伯斯之所以每天穿著相同的衣服，原因是他不希望為如何穿衣服而考慮再三。

浪漫詩人

在外界看來，賈伯斯是一個充滿控制欲的偏執狂，然而他

也有鮮為人知的感性與浪漫。賈伯斯尤其熱愛詩歌創作，他曾告訴蘋果前CEO約翰‧斯庫利，如果沒有創立蘋果公司，他很可能就到巴黎去寫詩創作了。

FBI公開調查報告

1991年，美國時任總統老布希想邀請賈伯斯擔任政府有關出口政策的顧問。按照慣例，美國聯邦調查局（FBI）需要先對賈伯斯的背景進行調查，並出具一份報告。按照有關規定，在當事人過世之後，FBI的記錄就可以公開。因此，在賈伯斯過世之後，FBI當天在其官網公開了這份評估報告的內容，透露他不僅有吸毒問題，其誠信和道德品質也令人生疑。

目空一切

FBI約見賈伯斯也要等上三周，從這足以看出賈伯斯的忙碌與目空一切，他的祕書告訴FBI調查人員，賈伯斯在未來三周都沒有時間，甚至都抽不出一小時的時間。

15歲初嘗禁果

賈伯斯在接受FBI調查時主動承認，20世紀70年代曾經吸食毒品，其中包括大麻和致幻劑麥角酸二乙基醯胺（LSD），不過他強調已經很多年沒有再使用過任何非法毒品了。

賈伯斯對於吸毒的經歷直言不諱，並自認為那是很重要的生命經歷。

賈伯斯的iPod

賈伯斯最愛聽誰的歌呢？答案是鮑勃‧狄倫（Bob Dylan）。在他的iPod中，收藏了15張以上Bob Dylan，以及3張馬友友的專輯。賈伯斯曾經說過：自己越來越傾向於像Bob Dylan那樣去思考。

1984年，首台Macintosh的發佈會上，賈伯斯引用Bob Dylan的一首劃時代的歌曲《The time they are a changin》，來作為這款劃時代產品橫空出世的開場白。

賈伯斯iPad2中唯一的電子書

據說，賈伯斯在他的iPad2中只下載過一本書，那就是尤迦南達的《一個瑜伽行者的自傳》。這也是賈伯斯生前最喜歡的一本書，從十幾歲開始，幾乎每年都要把這本書翻一遍。

拒絕與生父見面

賈伯斯出生之後就被人領養，也許正是由於這一點原因，他拒絕與生父見面，但是在此之前，他們其實已經見過面了。原因是賈伯斯的生父有一家飯館，賈伯斯曾經在那裡用餐，而且給小費很豪爽。

不過，賈伯斯當時並不知道飯館的老闆就是自己的生父，雖然兩人曾經握過手。

柯林頓曾向賈伯斯請教如何應對緋聞

據說，當年柯林頓在陷入醜聞之後，曾致電賈伯斯諮詢該如何應對此事。對此，賈伯斯的回答非常簡單：「我不知道你是否做過，但是如果你真做過，你就應該告訴美國公眾。」

不惜一切代價毀掉Android

賈伯斯認為Android盜用了蘋果iOS的理念，因此決定不惜一切代價毀掉這個系統。他告訴傳記作者，他會耗盡畢生精力，用盡蘋果400億美金的資產來修正這個錯誤，他要毀掉Android，因為那是偷來的產品。

賈伯斯與比爾‧蓋茲眼中的彼此

比爾‧蓋茲認為，史蒂芬‧賈伯斯是一個怪人，而且「怪到骨子裡」，「對技術真的知之甚少，但是他對事情背後的可行性有著令人驚訝的直覺」。

賈伯斯則認為：「比爾其實很無聊，並且他從未發明過什麼，這就是我為什麼覺得他更適合做慈善而不是科技行業。」

賈伯斯的挫敗感

在iPod發佈之初，賈伯斯就感到十分沮喪，因為很多人並不接受這款產品，認為它沒有什麼吸引人的地方，而且名字也不好聽。賈伯斯在那段時間曾收到過800多封嘲笑iPod的郵件，

當時他告訴傳記作者說：「我今天有點沮喪，大家的反應讓我有種挫敗感。」

迷戀日本文化

賈伯斯很喜歡日本文化，經常去日本旅行。賈伯斯是素食主義者，他喜歡日本的壽司和蕎麥麵。為此，他還將蘋果自助餐廳的廚師派往日本專門學習蕎麥麵的製作工藝。

賈伯斯的上百件羊毛衫

賈伯斯與索尼聯合創始人Akio Morita是好朋友，賈伯斯代表性黑色圓領羊毛衫和牛仔褲就是受到了索尼員工制服的影響。為此，日本設計師Issey Miyake給賈伯斯設計並生產了上百件羊毛衫，足夠他穿一輩子了。

害怕手術，終身遺憾

在2004年診斷出患有胰腺癌之後，賈伯斯選擇的不是手術治療而是食療，原因是他害怕手術，他曾說過：「我不希望別人在我的身上動刀子，覺得那是一種侵略行為。」

事後證明，賈伯斯的選擇是錯的，他也為此感到後悔不已。儘管賈伯斯後來想盡一切辦法治療癌症，在人們的勸說下終於在九個月之後進行了手術，但癌細胞已經轉移至肝臟，一切都太晚了。

沙特王子
阿爾瓦利德·阿蘇德

● 他是誰

阿爾瓦利德·阿蘇德（1955年3月7日～）也稱瓦利德王子，沙烏地阿拉伯皇室成員，企業家、投資家，被譽為阿拉伯的「沃倫·巴菲特」，有「中東股神」的稱號。

2005年個人總資產為237億美元，在《福布斯》排行榜上位居第五。2007年財富縮減為207億美元，排名跌至13名，但仍然是中東區域最富有的人。

● 無緣政治

阿蘇德是沙烏地阿拉伯國王阿卜杜拉的侄子，因為其父支持埃及總統納賽爾而與沙特王室成員鬧翻，全家一度被流放到埃及。後雖然獲准回國，但不許從政。也正因此，阿蘇德將全部精力都用於經商，經過幾十年的努力，成為了中東首富。

● 年少輕狂

阿爾瓦利德王子的自傳，記錄著他年輕時的種種叛逆與不羈。自傳中記載道：「從小阿爾瓦利德就學會了翹課，而且不回家。即使是個王子，他也會在街上睡覺，而且總在街上尋找沒上鎖的汽車，只要找到門沒鎖的車，就會鑽進去睡在後座

上。」

　　阿爾瓦利德的叛逆行為讓父親很不滿，於是在其13歲那年，便決定讓他到沙特利雅德去讀軍校，想藉此徹底改變他桀驁不馴的性格。在軍校期間，阿爾瓦利德被要求打掃馬桶、浴室，早上6點自己做早餐，晚上6點準時睡覺。阿爾瓦利德說：「那段生活改變了我的一生，也是我人生中的第一個關鍵階段，從軍校出來後，我性格中的優柔寡斷和遲疑不決都被一掃而光。」

努力工作的億萬富翁

　　在前美國有線電視新聞網主持人康銳思（RizKhan）撰寫的《阿爾瓦利德：商人、億萬富翁和王子》一書中，康銳思這樣描述阿爾瓦利德的形象：「他不僅雷厲風行，而且有條不紊，是中東和西方投資者的獨特混合體……可以說，他是地球上工作最努力的億萬富翁。」

　　有些媒體曾報導，阿爾瓦利德王子習慣每天只睡5小時，以便抽出更多的時間查看他遍佈中東以及歐美各地的投資專案的運營情況。

奢華轎車

　　阿爾瓦利德一直是高檔奢侈消費品店的常客，這一點從他的座駕便可看出。在購買新車時，阿爾瓦利德習慣買兩輛一模一樣的，比如兩輛無限FX45、兩輛悍馬H1、兩輛沃爾沃XC90

……買雙份的原因是一台給自己用，一台給保鏢用。

在阿蘇德的車庫中也並不全是超級座駕，就在兩輛勞斯萊斯「幻影」的旁邊，停靠著兩輛小巧的大宇「曼帝茲」。原來，阿爾瓦利德持有大宇的股份，這兩輛停放在車庫裡的「小傢伙」完全是爲了表示支持，只是一種象徵意義，阿爾瓦利德是絕不會開的。

● 飛行宮殿

2003年，阿爾瓦利德豪擲2.2億美元，購買了一架波音747－400，並將其變成了自己的飛行宮殿。這架豪華巨無霸客機有可供14人就座的餐桌，兩間舒適的臥室。此外，還有11名來自全球各地的乘務員。

微歷史-世界名人經典小故事(上)

牛頓被認為比愛因斯坦更具影響力。

被稱做「太陽王」的路易十四，不僅締造了法國封建史上最鼎盛的時期，也在宮廷裡掀起了一股「金光四射」的奢靡之風，並把這股風氣吹遍了整個法國大地。

羅斯福5歲時跟隨父親去見當時的總統克利夫蘭，總統曾給他一個奇怪的祝福：「祈求上帝永遠不要讓你當美國總統。」可是，羅斯福卻成了美國歷史上執政時間最長的總統，也是最有威望的總統之一。

神祕消失的**寶藏**之謎

聰明的藏寶人用盡心思把他們的財寶隱藏起來，製造出眾多的藏寶祕密，後人為了尋找這些寶藏，不惜付出生命的代價。寶藏不會説話，時間也不會倒流，在歷史的長河中，有著太多的謎團，遺留著許多不可思議的寶藏祕密。

讓您讀出屬於自己的品味

有機發笑：天然ㄟ尚好

爆笑認証，天然笑素。

有機無毒天然超安心，看得美味健康無負擔！

徹底杜絕敏感症狀，絕無瘦肉精與毒澱粉。採用天然笑話為基本原料，絕不添加實話及賀爾蒙。

全民大笑話：笑到凍未條！

指揮中心再次提醒民眾，寵物切勿棄養且定期施打疫苗，若發現行為出現異常，如停止吃喝、狂笑、飆淚、或出現攻擊性等，請儘速通報各地動物防疫機關處理。

如遭笑傷，謹記4口訣，1記：保持冷靜記住笑話內容、2沖：大量清水、肥皂沖洗臉部保持清醒、3送：儘速送醫評估是否該打疫苗、4觀：儘可能將笑話送人分享且觀察十日。

"悅"讀，是邀遊世界的另一種方式。

讀品首選

超恐怖的人性心理學

人所逃避、遮掩、企圖儘快忘記的，往往正是其弱點和缺陷所在。

人的記憶中存在許多「曖昧」的地方，在常常產生遺忘現象的部分往往有形無形地隱藏了人的許多弱點。

「曖昧是為了忘卻，忘卻是為了掩飾」

你還不懂的處世心理學

我們每個人都在內心裡將自己理想化，都喜歡為自己行為的動機賦予一種良好的解釋。這就是為何大家都希望聽到誇獎，而不是貶低。

人們的心裡總有這麼一種傾向：
習慣得到，而不習慣失去。

生活就像一條內褲，什麼屁你都得接著

生命包含了太多的無法預知，但是你除了接受，沒有其他方法。就像內褲也無從得知你什麼時候會放屁，當屁味裊裊而來，除了接著，別無他法。

需要的不是運氣，而是勇氣！

面對自己需要勇氣，愛人需要勇氣；
跨出下一步也需要勇氣；
被沮喪攻破時，最需要走出低潮的勇氣；
最重要的，還需要接受幫助的勇氣。

人生在世，需要的不是運氣，而是勇氣。

永續圖書
線上購物網

www.foreverbooks.com.tw

- ◆ 加入會員即享活動及會員折扣。
- ◆ 每月均有優惠活動，期期不同。
- ◆ 新加入會員三天內訂購書籍不限本數金額，
  即贈送精選書籍一本。（依網站標示為主）

專業圖書發行、書局經銷、圖書出版

永續圖書總代理：
五觀藝術出版社、培育文化、棋茵出版社、達觀出版社、
可道書坊、白橡文化、大拓文化、讀品文化、雅典文化、
知音人文化、手藝家出版社、璞珅文化、智學堂文化、語
言鳥文化

活動期內，永續圖書將保留變更或終止該活動之權利及最終決定權。

◆ 姓名：　　　　　　　　　　　　　□男 □女　　　□單身 □已婚

◆ 生日：　　　　　　　　　　　　　□非會員　　　□已是會員

◆ E-Mail：　　　　　　　　　　電話：(　)

◆ 地址：

◆ 學歷：□高中及以下　□專科或大學　□研究所以上　□其他

◆ 職業：□學生　□資訊　□製造　□行銷　□服務　□金融
　　　　□傳播　□公教　□軍警　□自由　□家管　□其他

◆ 閱讀嗜好：□兩性　□心理　□勵志　□傳記　□文學　□健康
　　　　　　□財經　□企管　□行銷　□休閒　□小說　□其他

◆ 您平均一年購書：□ 5本以下　□ 6～10本　□ 11～20本
　　　　　　　　　□ 21～30本以下　□ 30本以上

◆ 購買此書的金額：

◆ 購自：　　　　　　市(縣)
　　□連鎖書店　□一般書局　□量販店　□超商　□書展
　　□郵購　□網路訂購　□其他

◆ 您購買此書的原因：□書名　□作者　□內容　□封面
　　　　　　　　　　□版面設計　□其他

◆ 建議改進：□內容　□封面　□版面設計　□其他
　　您的建議：

2 2 1 - 0 3

新北市汐止區大同路三段 194 號 9 樓之 1

讀品文化事業有限公司　收

電話／(02) 8647-3663　　傳真／(02) 8647-3660
劃撥帳號／18669219　　永續圖書有限公司

請沿此虛線對折免貼郵票或以傳真、掃描方式寄回本公司，謝謝！

讀好書品嘗人生的美味

微歷史：
世界名人經典小故事(下)